기도의 생수 기도문을 하나님께

기도의 생수 기도문을 여러분께

모든 성경은 하나님의 감동으로 된 것으로 교훈과

책망과 바르게 함과 의로 교육하기에 유익하니

딤후 3:16

● 예수님이 오시는 때와 시기에 관하여는 아무도 알 수 없습니다.

주의 날이 밤에 도둑 같이 이를 줄을 우리가 말씀을 통해서 알고

성경에 기록된 대로 준비하시면 됩니다.

그러나 **그 날과 그 때는 아무도 모르나니** 하늘의 천사들도, 아들도 모르고

오직 아버지만 아시느니라 (마 24:36)

예수께서 이르시되 때와 시기는 아버지께서 자기의 권한에 두셨으니

너희가 알 바 아니요 (행 1:7)

소리내어 읽는 기도의 원리

우리는 말씀을 소리내어 읽기만 하여도 능력이 되고 하늘의 위로가 임하며 치유가 되는 것을 알고 있습니다.

마찬가지로 읽는 기도책으로 소리내어 읽기만 하여도 하나님의 임재와 성령의 권능을 각자가 있는 곳에서 기쁨과 감사로 체험하실 수 있음을 여러분들에게 알려 드립니다.

지금 당장 되고 안 되고를 의심하지 않으셔도 됩니다. 그것은 단지 시간 낭비만 부추길 뿐입니다. 이미 정해진 영의 원리는 읽는 자의 의지와 상관없이 은혜로 부어지는 경우도 매우 많습니다.

물론, 응답 받겠다는 간절한 믿음과 천국에 대한 목마름을 가지고 읽는다면, 더 크고 놀랄만큼 성령님의 임재는 이전보다 확실하고 분명해 질 것입니다.

가령, 여러분들이 밥을 먹는 동안 소화를 시키겠다는 의지를 가지고 먹지 않을지라도 자동으로 먹은 음식이 소화가 되는 경우를 생각해 보시면 됩니다.

이처럼 여러분들의 영혼이 기도문을 읽으면서 소리내어 먹는 동안 응답받게 될 의지로 읽지 않는다고 할지라도 읽는대로 여러분들의 영혼이 말씀을 자연스럽게 흡수하는 영적 작용과 효과를 보게 될 것을 기대하셔도 좋습니다.

왜냐하면, 이 기도책은 예수님이 동일한 말씀으로 기도하셨던 그 말씀으로 쓰여진 기도문이기 때문입니다.

예수님이 하나님 아버지와 온전한 하나를 이루어 완벽한 기도를 이루어 놓으신 것처럼 한 문장 안에 오직 하나님의 말씀으로만 기록해 놓은 100% 영의 기도문인 것을 여려분들께 정확히 표현하는 것입니다.

하나님은 영이시니 예배하는 자가 영과 진리로 예배할지니라 요 4:24

모든 기도와 간구를 하되 항상 성령 안에서 기도하라 엡 6:18

기도하는 소리

내 사랑하는 자의 목소리구나 아 2:8

네 소리를 듣게 하라 네 소리는 부드럽구나 아 2:14

하나님의 음성 곧 그의 입에서 나오는 소리를 똑똑히 들으라 욥 37:2

우리 예수님이 길이요 진리요 생명이십니다.

예수님은 부활이요 생명이시니 주님을 믿는 자는 죽어도 살겠고 살아서 주를 믿는 자는 영원히 죽지 않습니다.

하나님 여호와의 소리는 말씀입니다.

기록된 말씀을 소리로 읽을 때마다 하늘에서 기도하는 힘이 부어집니다. 내 목소리가 하나님의 음성이 되어 말씀으로 선포될 때 주님의 뜻을 이루게 됩니다.

여호와께서 엘리야의 기도소리를 들으시므로 그 아이의 혼이 몸으로 돌아오고 살아난 것을 떠올려 보십시오.

일제히 소리를 내는 것도 좋고, 속삭이는 소리도 괜찮습니다.

가느다란 영의 소리도 하나님의 귀에 전부 상달되게 됩니다.

조용한 중에 기도하는 기도의 소리도 하나님이 듣고 계시다는 것을 알아야 합니다.

기도의 웃음을 여러분의 입에, 즐거운 기도소리를 여러분의 입술에 채워보세요.

기도하는 기쁨의 소리를 질러보세요.

여러분의 소리를 구름에까지 높여 보세요.

더 간절하고 더욱 사모하는 마음으로...

"여호와여 나의 기도에 귀를 기울이시고 내가 간구하는 소리를 들으소서" 아멘

말씀을 소리 내어 기도하면 기도의 갑옷을 입게 되고 마귀의 몽둥이도 지푸라기 같이 약해지게 되고 마귀가 날리는 창이 우습게 여겨질 만큼 나에게 큰 영향을 주지 못하게 됩니다.

소리내어 기도하면 하나님의 능력은 더더욱 강력해 집니다.

온 땅이 하나님께 즐거운 소리를 낼 때 그 가운데에서 여러분의 기도소리도 하나님이 함께 들으실 것입니다.

기뻐하는 소리 즐거워 하는 소리가 기도의 소리가 될 것입니다.

신랑의 소리와 신부의 소리가 기도가 되어 말씀의 등불이 끊이지 않게 될 것입니다.

여러분이 계시는 거룩한 신방처소에서 기도의 소리를 내시면서 하나님의 푸른 초장 위를 신랑과 함께 지금 걸어 보십시오.

매우 흥겨우실 겁니다.

소리 내어 여호와께 간구해 보십시오.

즐거운 기쁨의 소리가 계속될 것입니다.

즐거운 감사의 소리가 지속될 것입니다.

즐거운 겸손의 소리가 연속될 것입니다.

보혈의 권세로 의인된 여러분들의 장막 안에 기도의 기쁜 소리를 만들어 보세요.

주님의 모든 일을 작은 소리로 읊조리며 여러분의 심령 안에 기도의 기쁜 소리를 만들어 보세요.

주님의 모든 일을 작은 소리로 읊조리며 주의 행사를 작은 기도 소리로 되뇌이며 살아보세요.

주께서 여러분의 간구하는 소리를 들으시고 작은 소리로 읊조릴 때에 성령의 불이 붙게 됨을 아실 것입니다.

지금 하나님이 여러분의 기도소리를 듣고 계십니다.

그러므로 여러분의 목소리로 하나님께 기도의 소리와 부르짖음과 함께 기도하시면 주님께서는 하나님의 성산에서 영의 기도로 흠향하시고 즉시 응답해 주실 것입니다.

차 례

너희가 더욱 힘써 너희 믿음에 덕을, 덕에 지식을,
지식에 절제를, 절제에 인내를, 인내에 경건을,
경건에 형제 우애를, 형제 우애에 사랑을 더하라

―――――――――――――――――――――――

[베드로후서 1장 5-7절]

완전한
신부의 찬양

이 기도책은 하나님의 말씀을 기도로 고백함으로써 본인
스스로가 **마음으로 다짐**하고 천국을 침노하고자 쓰여진 책
입니다.
지키지 못할 말씀을 말하여 율법적인 맹세를 하는 것이 결
단코 아닙니다. 주님은 기도하는 여러분의 **중심과 마음의
동기**를 보십니다. 기도하신 후 말씀을 지키지 못한 것은 성
령께 맡기고 회개하며 전진하시면 됩니다. 본인 스스로 말
씀을 믿고 고백하여 말씀의 힘을 얻게 하는 기도임을 미리
공지해 드립니다.

사람은 외모를 보거니와 나 여호와는 **중심**을 보느니라 하시더라
삼상 16:7

나는 **사람의 뜻과 마음**을 살피는 자인 줄 알지라
계 2:23

1부

내 것을 되찾는 명령 기도

———————— ♛ ————————

너는 비록 가시와 찔레와(악인들) 함께 있으며
전갈(악한 영) 가운데에 거주할지라도 그들을 두려워하지 말고
그들의 말을 두려워하지 말지어다 겔 2:6

이 시간 예수님의 보혈과 성령의 불이 나에게 임하기를
간구합니다.
여호와의 영이 내 속사람과 겉사람에게 임하여 능력으로
충만해집니다.
성령의 불이 임하여 내 영혼이 불의 옷을 입고 마귀를
대적합니다.
보혈의 피가 임하여 내 영혼이 보혈의 옷을 입고 악한 영을
대적합니다.
성령의 검을 마귀에게 향하여 휘두를 때마다 불의 권세가
임합니다.
성령의 불 불 불 불을 원합니다.
내 손에 성령의 불이 임하고 내 입술에는 능력의 불이 선포되게
도와주시옵소서.

기도의 생수

내 것을 빼앗아간 모든 악한 영들에게 전능하신 예수님의
이름으로 확실히 명령한다.

악한 영들아 너희들의 창조주를 기억하라.

예수님의 이름 앞에서 너희들이 할 수 있는 것은 아무것도 없다.

창조주 앞에서 모든 무릎을 꿇게 될 것이다.

종이 주인보다 크지 못함같이 피조물인 너희들은 창조주를
결단코 넘지 못할 것을 스스로 알고 있다.

예수님의 이름은 모든 만물보다 아주 높은 데 계시고 너희들은
지하 땅끝 가장 낮은 곳에 있는 멸망할 짐승일 뿐인 것을
기억하라.

너희들은 이미 예수님의 십자가 앞에 힘없이 무릎을 꿇었고 이길
수도 넘을 수도 없는 하찮은 미물임을 인정하라.

그러니 대항할수록 소멸을 자처할 뿐이요, 싸워볼수록 전멸을
앞다투어 나아갈 뿐이라.

그러나 나는 예수님의 권세를 하늘로부터 부여받았으므로
너희 악한 영들을 대항할수록 더 큰 힘을 얻어 항상 승리하도록
예정되어 있다.

나에게는 성령의 불권이 있으므로 너희 악한 영들과 싸울수록 더
큰 불의 능력을 받아 항상 이기는 자가 될 수 있음을 선포한다.

너희 악한 영들의 전부인 사망과 음부는 하늘과 땅의 권세를

가지신 예수님이 직접 불못에 던져 넣으실 것이다.

예수님은 생명의 권세와 사망의 권세 둘 다를 가지고 있으나

너희는 사망의 권세만 있을 뿐이라.

반쪽 짜리 너희는 불완전한 모양으로 사라지고 없어질지어다.

이제 곧 시간이 얼마 남지 않아 불못에 던져질 마귀 사탄 귀신의

세력들아 성령의 불로 완전히 소멸될지어다.

전멸되고 완전히 사라질지어다.

전능하신 예수님의 이름으로 명령한다.

이제 세세토록 살아계시고 사망과 음부의 열쇠를 가지신 예수

그리스도의 이름으로 목소리 높여 명령한다.

모든 창조의 처음이요 마지막이신 성령의 불을 가지신 예수님의

이름으로 명령한다.

내 기쁨과 감사를 빼앗아 간 악한 영들아 모든 것을 다 가지신

예수님의 이름으로 명하노니 내 기쁨과 감사를 원래대로

돌려놓을지어다.

그리고 너희는 영원한 무저갱으로 떨어져라.

예수님의 이름으로 명하노니 다시는 내 기쁨과 감사를

빼앗아가지 못할지어다.

내 평안과 평강을 훔쳐간 악한 영들아 열면 닫을 사람이 없고
닫으면 열 사람이 없는 예수님의 이름으로 명하노니 내 평안과
평강을 원상태로 돌려놓을지어다.
그리고 너희는 영원한 무저갱으로 들어가라.
예수님의 이름으로 명하노니 다시는 평안과 평강을 훔쳐가지
못할지어다.

내 온유와 겸손을 감춰놓은 악한 영들아 어제나 오늘이나
영원토록 동일하신 예수님의 이름으로 명하노니 내 온유와
겸손을 다시 갖다 놓을지어다.
너희들은 영원한 무저갱으로 떠나가라.
예수님의 이름으로 명하노니 다시는 온유와 겸손을 감춰놓지
못할지어다.

내 거룩과 경건을 도둑질해간 악한 영들아 무에서 유를 창조하신
예수님의 이름으로 명하노니 내 거룩과 경건을 지금 즉시
돌려놓을지어다.
돌려놓는 즉시 너희 더러운 영들은 무저갱으로 던져질지어다.
예수님의 이름으로 명하노니 다시는 내 거룩과 경건을 가져가지
못할지어다.

내 인내와 절제를 훔쳐간 악한 영들아 세세토록 살아 계신
예수님의 이름으로 명하노니 내 인내와 절제를 있던 곳에 다시
돌려놓을지어다.
너희 악한 영들은 원래 있던 처소로 돌아가라.
예수님의 이름으로 명하노니 다시는 내 인내와 절제를 가져가지
못할지어다.

내 기도하는 시간을 빼앗아 간 돈 욕심의 영과 세상 쾌락의
영과 기도 응답을 가로막는 악한 영들은 성령의 불권을 가지신
예수님의 이름으로 명하노니 내 기도하는 시간을 즉시 되돌려
놓을지어다.
너희 악한 영들은 무저갱의 저 밑바닥으로 던져질지어다.
예수님의 이름으로 명하노니 다시는 기도하는 시간을 가져가지
못하고 기도를 방해하지도 못할지어다.
성령의 검으로 완전히 소멸될지어다.

내 용서와 사랑을 도둑질해간 미움의 영과 이기심의 영과 다툼의
영들아 말씀의 화염검을 가지신 예수님의 이름으로 명하노니 내
용서와 사랑을 다시 돌려놓을지어다.
너희 악한 영들은 무저갱 깊은 곳으로 영원히 갇힐지어다.

기도의 생수

예수님의 이름으로 명하노니 다시는 용서와 사랑을
도둑질해가지 못할지어다.
말씀의 검으로 모든 악하고 견고한 진은 완전히 무너질지어다.

내 긍휼과 인애를 빼앗아 간 이기적인 영들아 보좌의 제단을
움켜쥔 예수님의 이름으로 명하노니 내 긍휼과 인애를
돌려놓을지어다.
이기적인 악한 영들아 무저갱으로 사라져라.
예수님의 이름으로 명하노니 다시는 긍휼과 인애를 가져가지
못할지어다.
사랑과 평강의 하나님이 나와 함께 계시니 내 영혼이 기뻐하고
기뻐합니다.

나에게 맡기는 믿음을 훔쳐간 지식과 경험의 영들아, 의심의
영들아 오른손에 일곱별을 붙잡고 계신 예수님의 이름으로
명하노니 맡기는 믿음을 온전히 돌려놓을지어다.
세상 경험의 영과 의심의 영들은 무저갱으로 떠나갈지어다.
예수님의 이름으로 명하노니 다시는 맡기는 믿음을 훔쳐가지
못할지어다.
믿음의 방패로 너희 악한 영들을 막아낸다.

내 자족하는 마음과 참만족을 빼앗아 간 원망과 불평의 영들아
좌우에 날 선 검을 가지신 예수님의 이름으로 명하노니
내 자족하는 마음과 참만족을 완전히 돌려놓을지어다.
원망과 불평의 영들은 성령의 불로 완전히 소멸될지어다.
예수님의 이름으로 명하노니 다시는 자족하는 마음과 참만족을
가져가지 못할지어다.
성령의 불이 참만족이 되게 하여 주시옵소서.

내 마음에 안정을 빼앗고 흔드는 기분 나쁨의 영들아 일곱 금
촛대 사이를 거니시는 예수님의 이름으로 명하노니 내 안정된
마음을 온전하게 돌려놓을지어다.
너희 기분 나쁨의 영들아 성령의 불로 파멸될지어다.
예수님의 이름으로 명하노니 다시는 내 안정된 마음을 흔들거나
빼앗아가지 못할지어다.

내 생각과 마음을 흔들고 빼앗아가는 혈기 부림의 영들아 빛도
짓고 어둠도 창조하신 예수님의 이름으로 명하노니 내 안정된
마음과 생각을 다 돌려놓을지어다.
너희 혈기 부림의 영들은 성령의 불로 완전히 전멸될지어다.
예수님의 이름으로 명하노니 다시는 내 안정된 생각과 마음을

절대로 흔들지 못할지어다.

빼앗지도 못할지어다.

도둑질하지 못할지어다.

내 건강을 빼앗아 간 질병의 영들아 새 하늘과 새 땅을 창조하실
예수님의 이름으로 명하노니 내 튼튼했던 건강을 완전히
돌려놓을지어다.

너희 질병의 영들은 성령의 불로 다 타고 없어질지어다.

예수님의 이름으로 명하노니 다시는 내 몸에 질병을 놓고 가지
못할지어다.

예수님의 이름으로 명하노니 다시는 내 건강한 몸을 건드리지
못할지어다.

성령의 불로 불로 불로 불로 불로 완전히 태워질지어다.

소멸될지어다.

내 가족의 위로와 행복을 빼앗아 간 다툼과 이기심과 오해의
영들아 모든 일들을 행하시는 예수님의 이름으로 명하노니 내
가족의 위로와 오해를 돌려놓을지어다.

너희 다툼과 이기심과 오해의 영들은 저 무저갱으로 영원히
던져질지어다.

예수님의 이름으로 명하노니 다시는 내 가족과 불화를 만들지
못할지어다.

내 즐거움과 신나는 마음을 빼앗아 간 우울한 영과 외로움의
영들아 인생의 모든 열쇠를 가지신 예수님의 이름으로 명하노니
내 즐거움과 기쁜 마음을 돌려놓을지어다.
너희 우울한 영과 외로움을 주는 악한 영들은 영원한 무저갱으로
내려갈지어다.
예수님의 이름으로 명하노니 다시는 내 즐거움과 기쁜 마음을
빼앗아가지 못할지어다.

내 외롭지 않았던 마음을 빼앗아 간 우울의 영과 외로움을
주는 악한 영들아 지극히 높으신 하나님의 아들 예수
그리스도의 이름으로 명하노니 내 외롭지 않았던 마음을 온전히
돌려놓을지어다.
너희 우울의 영과 외로움을 주는 악한 영들은 영원히 불타는
불못으로 던져질지어다.
예수님의 이름으로 명하노니 다시는 내 마음에 외로움의
가라지를 뿌리지 못할지어다.
예수님의 피, 예수님의 보혈을 선포합니다. 뿌립니다.

내 깨끗한 양심을 훔쳐간 질서를 무너뜨리는 영들아 죽은
나사로를 살리신 예수 그리스도의 이름으로 명하노니 내 깨끗한
양심을 원래대로 돌려놓을지어다.
너희 질서를 무너뜨리는 악한 영들은 무저갱으로 떠나가라.
예수님의 이름으로 명하노니 다시는 내 양심을 더럽히지
못할지어다. 예수님의 보혈을 뿌리고 바르고 선포합니다.

내 정직과 진실을 도둑질해간 거짓말의 영과 속이는 영들아
두려워 말고 믿기만 하라고 말씀하신 예수님의 이름으로
명하노니 내 정직과 진실을 원래대로 되돌려 놓고 떠나갈지어다.
너희 거짓의 영과 속이는 영들은 예수 그리스도의 이름으로
명하노니 완전히 무저갱으로 던져질지어다.
예수님의 이름으로 명하노니 다시는 내 정직과 진실을 더럽히지
못할지어다.
예수님은 나를 살리시는 진실한 목자임을 선포하노라.

음란하지 않았던 순수한 내 생각과 마음을 더럽힌 음란의
영들아 더러운 귀신들도 엎드려 고백했던 하나님의 아들 예수
그리스도의 이름으로 명하노니 음란하지 않았던 처음 생각과 첫
마음으로 돌려놓을지어다.

음란을 주는 악한 영들아 예수님의 이름으로 명하노니 영원한
무저갱으로 던져질지어다.
예수님의 이름으로 명하노니 다시는 내 생각과 마음에 음란을
넣지 못할지어다.

내 온전한 순종과 복종하는 마음을 가로챈 불순종의 영들아
주님의 몸 된 교회를 위하여 고난을 받으신 예수님의 이름으로
명하노니 온전한 순종과 복종하는 마음으로 돌려놓을지어다.
너희 불순종의 미련한 영들은 예수님의 이름으로 명하노니
다시는 나의 순종함과 복종함에 관여하지 못할지어다.
보혈의 권세로 조금도 영향을 주지 못할지어다.
예수 그리스도는 순종과 복종의 완전체이시다.

나의 서두르지 않는 마음을 빼앗아 간 조급함의 영들아 천국의
열쇠를 가지신 예수님의 이름으로 명하노니 서두르지 않았던
안정된 마음으로 돌려놓을지어다.
너희 조급함의 영들을 예수 그리스도의 이름으로 짓밟는다.
바람에 날리는 재가 되어 지옥불에 던져질지어다.
다시는 내 느긋한 마음에 손대지 못할지어다.
떠나가라 죄를 짓게 만드는 조급함의 영들아 즉시 떠나갈지어다.

내 안에 있는 참만족을 도둑질하여 불만족을 준 악한 영들아

처음부터 끝까지 영원한 만족을 가지고 계신 예수님의 이름으로

명하노니 참만족을 가졌던 욕심 없던 마음으로 돌려놓을지어다.

너희 변질됨을 만드는 악한 영들아 예수님의 이름으로 명하노니

무저갱으로 사라질지어다.

예수님의 이름으로 명하노니 다시는 참만족을 깨뜨리지

못할지어다.

심령이 가난하고 겸손했던 마음을 빼앗아 간 교만과 욕심의

영들아 거룩하고 아무 흠 없고 책망할 것이 없는 신부로

세워지기를 원하시는 예수님의 이름으로 명하노니 심령이

가난하고 겸손한 마음으로 완벽히 돌려놓을지어다.

너희 교만의 영과 욕심부리는 영들은 예수님의 이름으로

명하노니 영원한 무저갱으로 던져질지어다.

겸손의 본체이신 예수님의 이름으로 명령한다.

다시는 심령이 가난한 내 마음과 예수님의 이름을 높여드리는 내

마음을 건들지 못할지어다.

담대히 복음을 전하고 희생을 두려워하지 않았던 내 마음을
흔드는 복음의 방해꾼들아 십자가의 피로 화평을 이루신
예수님의 이름으로 명하노니 담대히 복음을 전하고 희생을
두려워하지 않았던 마음으로 돌려놓을지어다.
선한 일을 방해하는 악한 영들아 예수님의 이름으로 명하노니 저
무저갱 밑바닥으로 떨어질지어다.
복음의 창시자요 모든 희생의 생명이신 예수님의 이름으로
명하노니 담대히 복음을 전하고 희생을 각오하는 내 마음을
흔들지 못할지어다.

깨끗하고 온전한 나의 입술의 열매를 훔쳐간 비방과 비난의
영들과 남을 험담하게 만드는 소근댐의 영들아 곤욕을 당하여
괴로우실 때에도 입을 열지 않으셨던 예수님의 이름으로
명하노니 비방과 비난의 영과 험담하게 만드는 영들은 깨끗하고
온전한 나의 입술을 원래의 모습대로 되돌려놓을지어다.
이 구부러진 입술의 영들아 온전하신 예수님의 이름으로
명하노니 영원한 무저갱으로 사라질지어다.
다시는 온전하고 깨끗한 나의 입술을 험담과 비난과 소근댐으로
더럽히지 못할지어다.

염려와 의심을 하게 만들어 큰 믿음을 빼앗아 간 염려와 의심의
영들아 사람의 깊은 속을 살피시는 예수님의 이름으로 명하노니
큰 믿음을 원상태로 돌려놓을지어다.
너희 염려와 의심의 영들은 예수님의 이름으로 명하노니 저
무저갱으로 떠나갈지어다.
다시는 주께서 주신 큰 믿음을 갉아먹지 못할지어다.
훔쳐가지 못할지어다.

내 깨끗하고 온전한 양심을 더럽힌 무질서의 영들아 번개 같은
음성과 우렛소리로 말씀하시는 예수님의 이름으로 명하노니
깨끗하고 온전했던 양심 그대로를 돌려놓을지어다.
너희 무질서의 영들아 질서의 하나님이신 예수님의 이름으로
명하노니 저 무저갱으로 떠나갈지어다.
다시는 내 깨끗하고 온전한 양심을 예수님의 이름으로 명하노니
더럽히지 못할지어다.

내 심령 속에 시온의 대로를 막아 방해하는 막힘의 영들아 보좌
앞에 일곱 등불을 가지신 예수님의 이름으로 명하노니 곧게 뚫린
시온의 대로로 돌려놓을지어다.

너희 막힘의 영들아 예수님의 이름으로 명하노니 영원한
무저갱으로 던져질지어다.
쉬지 않고 거룩히 여김을 받으시는 예수님의 이름으로 명하노니
다시는 시온의 대로를 방해하거나 막지 못할지어다.

○○와 행복할 수 있었던 시간을 빼앗아 간 불행을 주는 악한
영들아 존귀와 권능을 받으시는 것이 합당하신 예수님의
이름으로 명하노니 ○○과 행복하게 지낼 수 있었던 추억과
아름다운 시간을 되돌려놓을지어다.
불행을 주는 악한 영들아 예수님의 이름으로 명하노니 영원한
무저갱으로 떠나갈지어다.
기쁨의 본체이신 예수 그리스도의 이름으로 명하노니 다시는
나와 ○○의 행복에 관여하지 못할지어다.
성령의 불로 불행의 영들은 완전히 태워지고 사라지고
없어질지어다.

주님께 충성하는 굳건한 마음을 무너뜨리고 뒷걸음치게 만드는
악한 영들아 보좌에 앉으신 예수님의 이름으로 명하노니
충성하는 굳건한 마음으로 돌려놓을지어다.
나를 뒷걸음치게 만드는 영은 예수님의 이름으로 명하노니

기도의 생수

다시는 죽도록 충성하는 내 심령을 흔들지 못할지어다.

성령의 불로 완전히 태워질지어다.

내 온전한 사역을 훔쳐가는 불화의 영들아 부와 지혜와 힘과

존귀를 가지신 예수님의 이름으로 명하노니 안정된 사역으로

되돌려 놓을지어다.

나에게 불화를 주는 악한 영들아 화평의 왕이신 예수님의

이름으로 명하노니 영원한 무저갱으로 떨어질지어다.

다시는 거룩한 사역에 불화를 심어놓지 못할지어다.

성령의 불로 불화를 가져다주는 악한 영들은 싹 다 태워질지어다.

완전히 소멸될지어다.

내가 하는 모든 사역은 하나님의 것이고 하나님이 친히 심으시는

거룩한 사역임을 선포하노라.

내 영혼이 먹게 될 영의 양식을 빼앗아 간 세상의 영들아 영원히

목마르지 아니할 생명수를 주실 예수님의 이름으로 명하노니 내

영의 양식을 온전히 다 돌려놓을지어다.

너희 세상의 영들아 예수님의 이름으로 명하노니 영원한

무저갱으로 떠나갈지어다.

영원한 양식의 근원이신 예수 그리스도의 이름으로 명령한다.

다시는 영의 양식을 건들지 말지어다.

나의 온전한 팔복을 도둑질해가는 속임의 영들아 내 모든 계획을

이루어 주시기를 원하시는 예수님의 이름으로 명하노니 온전한

팔복의 축복을 돌려놓을지어다.

영적인 눈을 가리는 너희 맹인의 영들은 빛이신 예수님의

이름으로 명하노니 무저갱으로 떠나갈지어다.

예수님의 이름으로 명하노니 다시는 팔복의 축복을 방해하지

못할지어다.

사탄아 여호와께서 너를 꾸짖으신다.

네 것을 가지고 떠날지어다.

가시면류관을 쓰고 순교자의 삶을 살고자 하는 내 마음을

도둑질해가는 계산적인 영들아 오직 몸과 영혼을 능히 지옥에

멸하실 예수님의 이름으로 명하노니 온전한 순교자의 삶으로

돌려놓을지어다.

너희 계산적인 영들아 지옥의 권세를 쥐고 계신 예수님의

이름으로 명하노니 무저갱으로 떠나갈지어다.

다시는 순교자의 삶을 흔들지 못할지어다.

도둑질하는 마귀야 창조주께서 너를 책망하노라.

견딜 수 없거든 한 길로 왔다가 열 길로 사라질지어다.

사람들의 눈에 띄지 않게 은밀히 행하여 모든 공로 의식의 영을

물리치게 도와주시옵소서.

천국은 예수님을 믿고 침노하라는 말씀에 순종하여 힘써

순종하는 자가 얻게 됨을 믿습니다.

내 삶에 있는 모든 안정을 빼앗아 간 불안정의 영들아 자기를

낮추는 사람이 천국에서 큰 자라고 말씀하신 예수님의 이름으로

명하노니 내 안정을 원래대로 돌려놓을지어다.

너희 불안정의 영들아 전능하신 보혈의 권세로 명하노니

무저갱으로 떠나갈지어다.

안정의 본체이신 예수님의 이름으로 명하노니 내 안정을

흔들지도 만지지도 못할지어다.

만지는 순간 성령의 불로 너희는 즉시 소멸되고 태워질지어다.

사람들의 말과 행동을 통하여 들어오는 악한 영들을 우리 주님이

나 대신 싸워주시옵소서.

사람들의 찌르는 창과 같은 말과 가시 돋친 행동들을

사랑의 검으로 맞서게 하여 주시고 온유한 말로 물리치게

도와주시옵소서.

나를 주의 자녀로 세워주셨사오니 세움에 맞는 하나님의 성도로
만들어가 주시옵소서.

사람들의 말이 내 마음을 아프게 찌르는 시험이 있다면 그것은
하늘의 상급자로서 세워지는 인내와 절제의 과정임을 믿습니다.
조금씩 아프면서 길게 치르든 세게 아프면서 짧게 치르든
예수님이 보시기에 옳다 인정함을 받게 하여 주시옵소서.
신부 단장의 예복을 입기 위해 보혈로 씻어내는 회개를 항상 하게
도와주시고 회개에 합당한 열매를 맺게 하여 주시옵소서.

불꽃 같은 눈으로 나의 마음을 살피시는 전능자 예수님의
이름으로 간절히 기도합니다. 아멘!

내가 너희에게 뱀과 전갈(악한 영들)을 밟으며 원수의 모든 능력을 제어할
권능을 주었으니 너희를 해칠 자가 결코 없으리라 눅 10:19

예수님이 주시는 생명수 기도

내게 말씀하시되 이루었도다 나는 알파와 오메가요 처음과 마지막이라
내가 생명수 샘물을 목마른 자에게 값없이 주리니 계 21:6

예수님의 보혈과 성령의 능력이 내 심령에 임합니다.

보혈의 권세가 내 속사람에게 임하여 주시옵소서.

성령의 능력이 내 영혼에게 입혀지기를 간구합니다.

예수님의 보혈을 마시고 성령의 생명수를 마십니다.

보혈을 먹고 성령의 생명수를 먹는 내 영혼은 성장할 것입니다.

더욱 강건하고 강건하고 강건해질 것입니다.

내 영혼이 주님을 바라보고 있습니다.

나의 영혼이 보혈의 권세로 살아나고 있습니다.

하늘로부터 임하는 성령의 권능이 입혀지게 하여 주시옵소서.

믿음으로 구하고 말씀으로 간구합니다.

언약하신 대로 이루어 주시옵소서.

내 마음이 예수님의 마음이 되기를 원합니다.

내 입술이 예수님의 입술이 되게 해주시옵소서.

내 귀가 예수님의 귀가 되어 살기를 간구합니다.

내 눈이 예수님의 눈이 되어 사랑으로 보기를 원합니다.

내 손과 발이 예수님의 손과 발이 되어 섬기게 하여 주시옵소서.

내 발걸음이 예수님의 발걸음이 되어 복음 전도자로 살기를
원합니다.

내가 생각하는 것마다 예수님이 영혼을 구원하는 생각이
되게 하여 주시옵소서.

내가 마음먹는 것마다 예수님이 영혼을 찾으시는 마음이
되게 하여 주시옵소서.

내가 계획하는 것마다 예수님의 영혼 계획이 되기를 원합니다.

내가 생각하고 계획하고 마음먹는 것마다 하나님의 의와
하나님의 나라를 위하여 하기를 원합니다.

내가 노력하고 수고하는 모든 것이 예수님의 복음을 이루기
위하여 하기를 원합니다.

내가 가는 곳마다 그리스도의 사랑과 복음이 전해지기를
원합니다.

예수님이 찾으시는 온유와 겸손이 나의 성품이 되어 내가 말하고
생각하고 행동하는 것마다 예수님의 모습이 묻어나오게 하여
주시옵소서.

기도의 생수

예수님이 원하시는 용서와 사랑이 나의 성품이 되어 내가 말하고 생각하고 행동하는 것마다 예수님의 용서와 사랑이 묻어나오게 도와주시옵소서.

예수님이 원하시는 긍휼과 자비가 나의 성품이 되어 내가 말하고 생각하고 행동하는 것마다 예수님의 긍휼과 자비가 묻어나오게 하여 주시옵소서.

예수님이 원하시는 거룩과 경건이 나의 성품이 되어 내가 말하고 생각하고 행동하는 것마다 예수님의 거룩과 경건한 삶이 되게 하여 주시옵소서.

예수님이 주시는 평안과 평강이 내 마음을 주장하게 하여 내가 말하고 생각하고 행동하는 것마다 예수님의 평안과 평강을 나눠주는 삶이 되게 해주시옵소서.

하나님을 마음껏 높여드리는 삶을 살다가 가고 싶습니다.

오직 기도와 말씀에 전무하고 복음만을 위해 내 삶을 드리기를 원합니다.

일터에서도 그의 나라와 의를 생각하는 영의 것을 원합니다.

누구를 만나든지 하나님이 주신 영혼이라고 믿고 때마다 일마다 모든 사람들과 평안 가운데 만나도록 인도해 주시옵소서.

욕심을 내어도 얻지 못하고 욕심을 가져도 능히 취하지도 못하는
돈이 나를 지배하지 않기를 원합니다.

모든 사람과 더불어 화평함과 거룩함을 따르도록 성령께서
이끌어 주시옵소서.

모든 문제가 주 안에서 풀어지리니 마땅히 거룩한 행실과
경건함으로 살게 해주시옵소서.

내가 큰 교회를 세우지 못하여도
나라와 민족을 위하여 기도할 수 있습니다.

내가 세계적인 선교를 하지 못하여도 전 세계에 있는 모든
영혼들을 위하여 기도할 수 있습니다.

하나님을 사랑하고 영혼들을 사랑하여 나라와 민족을 위해
기도할 수 있도록 도와주시옵소서.

내 기도를 통하여 하나님은 모든 사람의 영혼을 구원하시는
은혜를 베풀어 주실 것을 믿습니다.

하늘의 덮개를 뚫어버리는 기도가 되게 해주시옵소서.

보좌의 제단에 상달되는 힘있는 기도가 되기를 원합니다.

보혈의 권세와 성령의 능력으로 올려 드리는 기도를 원합니다.

하늘의 덮개를 열고 축복의 통로를 연결되는 기도의 권세를
주시옵소서.

하나님의 긍휼을 얻은 자답게 살기를 간구합니다.

감사의 샘물이 넘치고 기쁨의 샘물이 넘치게 하여 주시옵소서.

내 심령에 기쁨과 감사의 샘물이 넘쳐서 걷는 것도 하늘의 잔치가
되기를 원합니다.

예수님의 사랑으로 사랑하게 하여 주시옵소서.

어떤 상황과 조건이 온다고 할지라도 육으로 반응하지 않고
영으로 대응하기를 원합니다.

하나님 앞에 항상 기도하는 것을 잊지 않게 해주시옵소서.

기도하고 기도하고 또 기도하게 하여 주시옵소서.

하나님 내 마음이 완전하고 완전하고 완전하게 하여 주시옵소서.

하나님 내 마음이 온전하고 온전해지게 도와주시옵소서.

하나님 내 마음이 순전하고 순전해지기를 원합니다.

성령님은 온전하고 완전하고 순전하십니다.

성령님의 참모습 그대로 따르기를 원합니다.

예수님의 보혈로 점도 흠도 티도 없이 살기를 원합니다.

보혈의 생명과 성령의 불권을 주시옵소서.

하나님, 내 모든 것을 가지고 하나님을 예배하기를 원합니다.

내가 원하는 모든 것에 주님의 계획과 마음이 있기를 간구합니다.

순종을 더하거나 빼지 말고 하나님의 명령에 따라 온전하게
살도록 도와주시옵소서.

내가 무엇을 하더라도 그것이 기도가 되고 예배가 되기를
원합니다.

하나님을 찾는 내 마음의 갈망이 기도가 되게 하여 주시옵소서.

예수 그리스도 안에서 승리의 결과는 내 것임을 믿습니다.

나에게 큰 시험이 찾아와도 예수님의 이름을 믿고 죄를 이기며
나가게 도와주시옵소서.

믿음의 확신과 하나님의 평안을 내려 주시옵소서.

말씀 이외에는 그 어떤 것도 두려워하지 않기를 원합니다.

하나님 이외에는 무엇도 갈망하지 않겠습니다.

나의 믿음이 지옥의 문을 흔들 수 있는 강력한 믿음을
주시옵소서.

복음을 위한 것이라면 그 무엇도 취하려고 하지 않고 오직
주님만을 기쁘시게 하는 삶을 살게 해주시옵소서.

내 모든 것이 예수님과 동행하는 기도가 되기를 원합니다.

내 육신이 물 없으면 살 수 없듯이 내 영혼은 예수님의 피와 살이
없으면 한 순간도 살 수 없습니다.

예수님의 살과 피를 믿음으로 먹고 마십니다.

참된 양식과 참된 음료가 되게 하여 주시옵소서.

예수님의 살과 피를 먹고 마실 때마다 예수님 안에 거함을

믿습니다.

어려운 일이 생길 때마다 그것을 해결하려고 하는 것보다

그 자리에서 조용히 무릎을 꿇고 기도하게 하여 주시옵소서.

염려하지 않는 것이 믿음임을 믿습니다.

해답이 있어도 주님께 먼저 아뢰고 기도하는 것이

영원한 정답을 얻을 수 있는 지혜입니다.

하나님의 말씀에 거하고 주님의 빛에 거하는 은혜를

내려 주시옵소서.

사랑하는 주님, 이제 나는 나의 것이 아님을 주님 앞에

고백합니다.

주님을 위해서 낮춰야 된다면 더 내려갈 것이고 주님의 기쁨을

위해 기꺼운 마음으로 하길 원합니다.

하나님이 나의 도우심이 되어 주시옵소서.

세상에 보물을 쌓지 말고 하늘에 보화를 쌓으며 살기를 원합니다.

내 모든 소유가 하나님의 것이니 의의 재물로 올려 드릴 수

있도록 도와주시옵소서.

오늘도 하나님의 선하심을 향하여 나아갑니다.

예수 그리스도의 고난이 나의 중보가 되어 기도가 끊이지 않게
도와주시옵소서.

어떤 상황에서도 늘 하나님을 믿고 맡기는 믿음으로 살기를
원합니다.

하나님이 임재하시는 은혜의 문을 열고 들어갑니다.

하나님이 내가 올려 드리는 기도의 응답에 하늘의 증거를 내려
주시고 그것이 내 삶에 아름다운 간증이 되게 하여 주시옵소서.

그의 나라와 의를 위하여 간구하고 그의 나라와 의를 위하여
찾으면 하나님이 모든 것을 이루어 주실 것을 믿습니다.

기도로 계속 두드리겠습니다.

기도로 쉬지 않고 찾겠습니다.

기도로 끝까지 구하겠습니다.

믿음으로 간구하면 누구나 받을 수 있고 찾는 자도 은혜로 찾게
될 것입니다.

주님이 주신 언약의 말씀을 믿고 끈질기게 기도하길 원합니다.

나의 간구를 기뻐하신다면 주님의 선하신 뜻 가운데 확실한
응답을 내려 주시옵소서.

무엇이든지 기도하고 구하는 것은 받은 줄로 믿겠습니다.

믿는 그대로 이루어지게 하여 주시옵소서.

기도를 가로막고 있는 염려를 주님께 다 올려 드립니다.

주께서 친히 나를 권고하여 주시옵소서.

크고 작은 모든 일에서 하나님 아버지를 바라보고 기도하신

예수님의 기도가 내 간구가 되기를 원합니다.

하나님의 말씀을 어린아이처럼 그대로 받아들입니다.

고난을 겪을 때 주님과 함께 하는 것이 가장 아름다운 동행이요

예배임을 믿습니다.

주님과 단 한순간도 떨어져 있지 않기를 원합니다.

문제를 피할 수 있게 하여 주시되 기도만큼은 피하지 않게 하여

주시옵소서.

하나님을 믿는 확신에 찬 나의 담대한 기도에 속히

응답해주시옵소서.

기도하는 자는 폭풍우 속에서도 침착함을 유지할 수 있습니다.

때를 따라 돕는 은혜를 얻게 하여 주시고 은혜의 보좌 앞에

감사로 나아가기를 원합니다.

성령님이 주시는 나의 기도는 강력한 힘이 있음을 믿습니다.

예수님이 세상을 버리신 것처럼 나도 세상 것을 버리게 하여

주옵시고 하나님을 기쁨으로 영화롭게 하기를 원합니다.

말씀을 믿고 승리하는 기도가 끊이지 않기를 원합니다.

내 모든 삶에서 하나님을 전적으로 의지합니다.

예수님의 부활을 믿음으로 받아 무덤 너머에 있는 영원한 생명을
얻게 하여 주시옵소서.
예수 그리스도의 보혈로 승리의 관을 씌워 주시옵소서.
오늘도 하늘에 기도의 보화를 온전히 올리기를 원합니다.
기도의 무릎을 꿇어 온전히 올라갈 수 있게 도와주시옵소서.
하나님의 말씀에 순종하는 나의 삶이 하늘의 보화임을 믿습니다.
가장 빛나고 견고한 나의 삶은 기도 위에 세워질 것입니다.
겉치레적인 믿음은 회칠한 무덤의 기도가 되고 보이기 위한
기도일 뿐입니다.

기도하면서 하나님을 기다리고 기다리겠습니다.
기도하면서 주님의 음성에 순종하겠습니다.
기도하면서 하나님의 뜻을 이루게 하여 주시옵소서.
생명의 근원이 되는 내 마음을 지키는 것이 거룩한 성을 이루는
것임을 믿습니다.
하나님을 더 신뢰할 수 있는 예배를 영의 기도로써 올리게
도와주시옵소서.
마음을 다해 하나님을 찾는 기도를 허락해 주시옵소서.

죄는 어떤 모양이라도 버려서 기도의 걸림돌이 되지 않기를
간구합니다.

기도의 힘을 떨어뜨리는 그 어떤 것도 과감히 베어버릴 수 있는
믿음을 원합니다.

지극히 작은 죄라도 한 눈에 알아보고 그 자리에서 즉시 잘라내
버리게 도와주시옵소서.

기도를 쉬게 되면 기도에 영향을 미치게 됨을 기억하여 무엇보다
기도 쉬는 죄를 범하지 않게 도와주시옵소서.

용서하지 않으면 기도의 능력이 약해지고 다툼이 있는 곳에
기도가 막힘을 알고 모든 사람들과 화평하게 살도록 이끌어
주시옵소서.

원수를 그리스도의 사랑으로 용서하여 원망과 억울함을
소멸시킬 수 있는 능력을 주시옵소서.

용서하지 않는 것이 내 마음을 아프게 하고 병들게 만듦을
기억하고 살게 해주시옵소서.

내가 무엇을 해야 할지 모를 때 하나님께 기도로 더욱 집중하기를
원합니다.

천국을 갈망하는 기쁨이 내 안에 넘치기를 원합니다.

하나님을 추구하는 더 큰 기쁨을 내려 주시옵소서.

복음의 일이 더 많아질수록 더 많은 기도의 시간을 갖게 하여
주시옵소서.

기도는 하나님을 최우선 순위로 예배하는 가장 거룩한
예배입니다.

예수님이 나를 인도해 주시기 때문에 나는 아무런 부족함 없이
살아갈 것을 믿습니다.

주 안에 있는 나는 부족함이 없을 것입니다.

성령님이 나를 안위해 주시니 나는 두려워할 것이 없습니다.

하나님을 향한 완전한 의존이 믿음의 능력이 될 수 있게
도와주시옵소서.

살아계신 하나님 안에 거하여 기도하는 대로 응답받는 제사장이
되기를 원합니다.

보혈의 능력을 붙잡을 수 있는 유일한 힘이 기도임을 믿습니다.

내 모든 죄와 죽음과 절망을 십자가에서 사하여 주시옵소서.

내 마음 속에 있는 먼지를 털어 내어 온전하고 깨끗한 심령으로
하나님을 사모하게 도와주시옵소서.

의심을 믿음으로 바꿔주시고 미움을 사랑으로 바꿀 수 있는
보혈의 능력을 입혀 주시옵소서.

오늘도 무엇을 하든지 마음을 다하여 주를 위해 일하듯

충성하기를 원합니다.

기도의 입을 더 크게 열어서 하나님의 계획을 더 많이 담게 하여
주시옵소서.

참된 기도로 참된 믿음을 갖기를 원합니다.

참된 소망으로 하늘의 것을 차지하게 도와주시옵소서.

참된 사랑만이 참된 십자가의 사랑을 이루어 낼 수 있음을
믿습니다.

필요를 채우는 기도가 아니라 하나님의 말씀을 듣고 하나님을
만나는 기도가 되게 해주시옵소서.

혼란과 고통과 걱정의 영들아 예수님의 이름으로 명하노니 네
것을 가지고 사라질지어다.

성령께서 주시는 기도의 능력으로 너희들의 진을 파하고
무너뜨리노라.

말씀 안에서 성령 안에서 보혈의 권세로
"나는 모든 일에 기도할 것입니다."
내가 손을 들어 기도하면 하나님은 보좌에서 손을 아래로
내밀어 주십니다.

기도하는 나의 손과 보좌에 앉으신 주님의 손이 만날 때 뜻이
하늘에서 이루어진 것 같이 땅에서도 그대로 이루어질 것을
믿습니다.

기도의 참맛은 기도하는 시간이 늘어나는 기쁨에 있습니다.

기도는 예수님이 나에게 주시는 영원한 생명줄임을 믿습니다.

기도 없이는 참된 예배도 없습니다.

기도 없는 승리는 육의 승리일 뿐입니다.

썩어 없어질 세상의 영광을 만지지도 취하지도 붙잡지도 않게
해주시옵소서.

기도하는 믿음이 살아있는 믿음이고 기도한 후 승리하는 것이
이기는 자의 상을 받게 되는 영광이 될 수 있음을 믿습니다.

고난이 오면 내 믿음이 성장할 수 있는 기회임을 기억하게
도와주시옵소서.

하나님께 기도할 때마다 기도의 응답을 기대하는 믿음을 내려
주시옵소서.

내 기도를 듣고 응답하시는 것은 하나님이 나를 사랑하고 계시는
증거임을 믿습니다.

성령 안에서 완벽하고 완전해질 때까지 기도를 쉬지 않게
해주시옵소서.

점도 없고 흠도 없고 한 줄 구겨짐 없는 순전한 믿음을 원합니다.
부자 되기에 애쓰지 말고 내 사사로운 지혜를 버리게 하여
주시옵소서.
허무한 것에 주목하지 않기를 원합니다.
내 마음이 지혜로우면 내 마음이 즐겁겠고 내 입술이 정직을
말하면 내 속이 유쾌해지게 될 것입니다.

죄를 지어 내 영이 다 뜯어진 누더기 옷을 입지 않게 하여 주시고
죄를 품어 내 영이 해어진 옷을 입지 않게 도와주시옵소서.
악인의 형통을 부러워하지 않고 죄인의 모임에 동참하지 않기를
원합니다.
믿음이 있는 자는 담대하고 기도하는 자는 하늘의 힘을 얻게 될
것입니다.
기도의 힘은 용서할 수 없는 원수를 용서할 수 있고 사랑할 수
없는 자를 사랑할 수 있게 만들어줍니다.
그러나 내 원수가 넘어질 때에 즐거워했던 것과 내 원수가
엎드러질 때에 마음에 기뻐한 죄를 용서해 주시옵소서.
이제부터는 하나님의 진노가 원수를 조롱하는 나에게 옮기실까
두려워하는 마음을 갖고 살겠습니다.

행악자들로 인해 분을 품지 말고 악인의 형통을 부러워하지
아니함은 행악자는 장래가 없고 악인의 등불은 꺼지기
때문입니다.

내 마음속에 있는 십자가는 가장 귀한 보석이 박힌 십자가입니다.
보혈의 피로 아름답게 수 놓은 십자가를 죽도록 사랑하게 하여
주시옵소서.
십자가를 차지하고 십자가를 업고 다니는 기쁨과 감사를
주시옵소서.
오늘도 믿음의 공력으로 십자가를 지고 나아갑니다.
사랑의 공력이 십자가의 삶을 이루는 아름다운 희생이 되게 하여
주시옵소서.
나를 위해 황금 마차가 천국에 이미 준비되어 있음을 믿고
내가 지고 가는 십자가를 최고로 가치 있는 십자가로 만들기를
원합니다.

언제든지 내 자신을 비우고 내려놓은 후에 우리 주님 오시면 세상
떠날 마음의 준비가 되어있기를 원합니다.
예수님은 내가 이 세상의 모든 것에서 욕심 없이 살기를 원하고
계십니다.

더 낮고 영구한 것을 생각하는 영의 사람이 되게 하여
주시옵소서.

또한 복음을 위한 기도를 쉬지 않게 도와주시옵소서.

모든 죄에 얽혀있는 족쇄가 보혈의 칼로 하나씩 끊어져 나가고
묶여 있던 영의 모든 부위가 하나씩 자유로워지게
도와주시옵소서.

이 땅에서는 더욱 겸손하고 심령이 가난한 자의 마음으로 천하게
사용되는 그릇일지라도 주님께 쓰임 받는 것에 감사한 마음으로
살기를 원합니다.

주인의 쓰임을 받기 위해 나를 더욱 깨끗이 비운 아름다운 그릇이
되기를 원합니다.

예수님을 사랑하는 단 하나의 이유가 내 삶에 전부입니다.

주께서 나에게 원수를 밟고 부수어 무너뜨리는 더 강력한 권세를
주시옵소서.

나의 입술로 말씀을 선포할 때에 천국의 권세가 나타나게 하여
주시옵소서.

내가 예수님의 사랑을 실천할 때에 천국의 능력이 부어지게 하여
주시옵소서.

하나님의 말씀이 나의 소리에 입혀지는 기적의 선포를 내려
주시옵소서.
주님의 나라와 권세가 능력이 되어 나에게 입혀지기를 원합니다.

예수님의 피가 뿌려지는 곳마다 천국의 영토가 넓어지게 하여
주시옵소서.
하나님이 나의 불기둥과 구름기둥이 되어 주시옵소서.
거룩한 성도는 이 세상을 이긴 자가 될 것이고 성령의 능력으로
다스리고 부수는 철장의 권세가 있음을 믿습니다.

예수님이 저에게 원하시는 것은 보혈의 피가 뿌려진 완전한
예배임을 믿습니다.
그리고 매일매일 기도 쉬는 죄를 결단코 범하지 않는 삶입니다.
매일 죄를 짓는 즉시 회개하여 죄의 쓴 뿌리가 내리지 않도록
살아가는 것입니다.
어떠한 일이 있어도 하나님과 사람들 앞에서 겸손한 자가 되게
하여 주시옵소서.
자존심은 마귀가 주는 가장 더러운 고집입니다.
마귀가 주는 대접을 물리치게 하여 주시옵소서.

기도를 한 후에는 빠르게 나가지 말고 서두르지 않게
해주시옵소서.
하나님이 원하시는 것을 알고 실행하게 도와주옵시고 어떤
일이든지 말씀의 응답을 받고 행하게 하여 주시옵소서.
나의 몸과 생각의 행실을 죽이고 회개로 더욱 정결하게 하여
겸손으로 나를 동이고 겸허한 마음으로 살게 해주시옵소서.

주님의 눈에 가치 없는 것들은 가치 없게 생각하게 하시고 주님의
눈에 가치 있는 것들을 가치 있게 생각하기를 원합니다.
예수님과 내 주변에 있는 사람들을 사랑하되 끝까지 사랑하게
도와주시옵소서.
완악한 사람에게 복음을 전하는 것은 돌밭 같은 그 사람의 마음에
보혈의 깃발을 꽂고 오는 것입니다.
교만한 사람에게 예수님을 전하는 것은 교만으로 망하고 있는 그
사람의 마음에 보혈의 깃발을 꽂고 오는 것입니다.
복음을 받는 사람이 까다로운 사람일수록 하늘의 영광은 더욱
밝게 빛날 것입니다.

하나님 내가 소유한 모든 것에서 벗어나서 심령이 가난한 자로
살게 해주시옵소서.

내 두 손에 가진 모든 것을 주님께 건네줄 때 하나님의 것으로
돌려받을 수 있음을 믿습니다.

주님께 드려서 썩어질 것으로 심어 영생의 것으로 다시 거두게
하여 주시옵소서.

내 손에 들고 있는 모든 욕심을 털어버리게 하여 주시옵소서.

내가 가지고 있는 그 무엇도 내 생명보다 귀한 것은 없습니다.

하나님은 나를 해하시거나 손해 보지 않게 도와주실 것을
믿습니다.

너무 많은 일을 하려고 하지 말고 주께서 나에게 맡겨 주신 작은
것에 충성하게 도와주시옵소서.

가난한 자를 불쌍히 여기는 것은 여호와께 꾸어드리는 것이며
나의 선행을 주께서 갚아주실 줄 믿습니다.

마음과 영이 깨끗하지 않으면 교만이 들어오게 될 것입니다.

마음과 영을 깨끗하게 만들어 내 안에 교만이 틈타지 못하도록
만들겠습니다.

매일 죄를 지을 때마다 그때 그때 즉시 회개하고 준비하게 하여
주시고 예수님 손에 인장 반지와 같은 성도가 되기를 원합니다.

보이지 않는 죄도 인식할 수 있는 지혜와 계시의 기도가 되게
해주시옵소서.

악은 어떤 모양이라도 버리게 하여 주시고 지극히 작은
죄도 두렵고 떨림으로 받아 온전한 구원을 이룰 수 있도록
도와주시옵소서.

나의 모든 죄를 십자가에서 완전히 사하여 주시고 모든 질고와
고통을 지고 가신 예수님의 이름으로 기도합니다. 아멘

그의 보좌는 불이요 그의 바퀴는 타오르는 불이며 단 7:9

마음에 자유함을 얻는 기도

마음이 상한 자를 고치며 포로된 자에게 자유를,

갇힌 자에게 놓임을 선포하며 사 61:1

예수님의 보혈 보혈 보혈을 마십니다.

보혈 보혈 보혈을 내려 주시옵소서.

예수님의 피와 살을 내 영이 먹습니다.

성령님 성령님 나의 성령님 성령의 불을 내려 주시옵소서.

성령의 불로써 강하게 임재하여 주시옵소서.

성령을 성령을 성령을 간구합니다.

주여 주여 믿음으로 간구합니다.

하나님이 주시는 성령을 생명으로 마십니다.

이 기도가 하나님을 사랑하는 간구가 되기를 원합니다.

예수님이 나를 위해 죽으셨으니 나도 예수님을 위해 온전히 죽는

간구를 주시옵소서.

내 감정이 십자가에서 죽게 하여 주시옵소서.

내 혈기가 말씀의 못이 박혀 죽게 하여 주시옵소서.

내 고집과 교만이 보혈의 권세로 죽기를 원합니다.

내 구부러진 마음이 성령의 불로 완전히 태워지게 하여
주시옵소서.

내 잘못된 자아가 말씀 안에서 완전히 죽기를 원합니다.

죄로 오염된 가망성 없는 내 못난 자아가 성령의 불로 타서

없어지고 그 자리에 온전한 영체로 창조되게 하여 주시옵소서.

하나님, 나의 감정을 가져가시고 주님이 주시는 평안을
주시옵소서.

하나님, 나의 혈기를 가져가시고 지금 바로 그리스도의 평강을
내려 주시옵소서.

내 감정은 내 것이 아니요 이제는 주님의 것입니다.

주님이 원하시는 대로 온유와 겸손으로 거듭나게 하여
주시옵소서.

주님이 주시는 참 평안과 자유를 누리게 하여 주시옵소서.

주님이 주시는 온전한 생각과 순전한 마음으로 살게
해주시옵소서.

성령 안에서 그리스도의 사랑을 항상 느끼고 항상 누리는 삶을
살기를 원합니다.

끊임없는 거룩한 기도로 하나님의 뜻을 정확히 분별하는 삶을
살기를 원합니다.

더 온전하고 거룩하게 살고 싶습니다.

더 온전하게 말하고 행동하여 하나님의 기쁨이 되기를 원합니다.

더 온전히 예배하고 더 온전하게 하나님을 사모하고 살게

해주시옵소서.

하나님이 나의 사정을 살펴보시고 마음에 있는 억울함과 답답한

심정을 풀어주시옵소서.

그리하여 마음에 있는 죄가 악한 영들에게 이용당하지 않게

도와주시옵소서.

내 영을 모든 죄 가운데서 주의 손으로 건져내 주시옵소서.

예수님께 온전히 붙들려서 예수님처럼 죄가 뭔지도 모르고

살기를 원합니다.

예수님께 내 생각과 경험을 올려드립니다.

이제부터는 죄 된 생각을 하지 않게 하여 주시고 죄 된 경험을 더

이상 배우지 않게 도와주시옵소서.

내 영이 부서지고 깨지고 다치면서 살지 않기를 원합니다.

내 생각대로 가지 않고 주님의 뜻대로 가게 하여 주시옵소서.

내가 가고 있을지라도 주님이 멈추라면 그 자리에서 멈추어야

제자 된 삶을 사는 것입니다.

기도의 생수

주님 앞에 내 감정, 내 생각, 내 자존심을 내려놓는 자가 제자 된
삶임을 믿습니다.

내 주장을 꺾어 버리게 하여 주시옵소서.

내 감정을 꺾어 버리게 하여 주시옵소서.

내 고집을 꺾어 버리게 하여 주시옵소서.

내 혈기 부림을 꺾어 버리게 하여 주시옵소서.

내 시간을 주님께 올려드리고 세상에 헛된 욕심을 갖지 않고
살게 해주시옵소서.

내 미래도 맡기고 주님이 원하시는 모든 순간을 내어 맡기는
삶을 살기를 원합니다.

예수님은 생명과 사망의 권세 둘 다를 쥐고 계시지만 마귀는
죽음의 권세만 있습니다.

생명이 사망을 삼킨바 되어 이기고 승리할 때까지 전진 또
전진하게 도와주시옵소서.

이 세상 사람들이 나를 몰라줘도 뒤돌아서지 않겠습니다.

세상을 등지고 십자가를 바라보고 살게 해주시옵소서.

예수님을 믿는다고 해서 주어지는 것은 아무것도 없을 수
있습니다.

하지만 이 세상에서 주님을 위해 포기한 모든 것을

천국에서는 다 찾을 수 있습니다.

기도로 주님의 임재 속에 깊이 들어가기를 원합니다.

하나님 앞에서 기도하여 울면 사람 앞에서 울 필요가 없게

됩니다.

기도할 때 이미 고통을 지불한 사람은 현실에서는 고통을 당하지

않게 됩니다.

왜냐하면 내가 간구하는 날에는 주께서 응답해주시고 내 영혼에

힘을 주어 나를 강하게 하셨기 때문입니다.

기도하다 보면 마귀의 세력은 때가 되어 저절로 물러가게 됩니다.

마귀의 공격도 하나님께서 허용하시는 기간 내에서만 가능함을

믿습니다.

마귀의 공격이 있을 때 천상 보좌에서 하나님이 마귀를 통하여

욥의 시험을 허락하신 것을 기억하겠습니다.

주님께서 영적인 축복을 주시기 위하여 마귀의 공격을

허용하시는 것을 믿습니다.

욥이 모든 시험을 통과한 후 받은 축복처럼 마귀를 기도로 이기고

하늘에서 큰 축복으로 상급 받게 하여 주시옵소서.

하나님이 허락하셔야만 마귀도 움직일 수 있음을 잊지 않게 하여

주시옵소서.

주를 위해 선한 일이나 봉사를 많이 하기보다 하나님과 많은
시간을 함께 보내며 사랑의 교제를 깊이 나누는 것을 우리 주님은
가장 기뻐하십니다.
기도하는 동안 가장 가까운 곳에서 하나님을 만나고 대화하여 내
영혼이 새 힘을 얻게 해주시옵소서.

기도가 안 될 때에도 나를 기다리시는 주님을 생각하여 기도의
문을 열게 도와주시옵소서.
주님과 약속하여 정해 놓은 기도의 시간에 기도의 자리를
굳건하게 지켜내기를 원합니다.
하기 싫은 운동도 억지로 하다 보면 나도 모르게 건강해져서 몸에
힘이 나는 것처럼 안 되던 기도도 계속하다 보면 성령님의 임재가
있게 되어 영적인 힘을 받게 됨을 믿습니다.
기도하여 영적 성장을 이루게 도와주옵시고 응답의 기쁨도 내려
주시옵소서.
세상을 이기는 성령충만한 영력을 갖기 위해서는 주님과의
만남이 깊어져야 합니다.
깊은 만남을 주시옵소서.

기도하는 심령이 보좌에 상달되게 하여 주시옵소서.

기도하여 내 생각과 마음을 지키게 하여 주시옵소서.
항상 기도하면 내 생각과 마음을 지켜낼 수 있음을 믿습니다.
마귀의 공성퇴가 내 마음의 성벽을 치고 부수며 공격할지라도
기도의 성벽은 절대 무너지지 않도록 붙잡아 주시옵소서.
마귀가 높이 세워놓은 내 망대를 도끼로 찍을지라도 여호와의
말씀이 내 성벽의 기초석 되시니 조금도 영향을 주지 못할
것입니다.
하나님이 내 마음의 성벽과 내 생각의 망대를 지켜주시니 원수의
수고가 헛되이 돌아가게 하여 주시옵소서.
말이 많으면 무너진 성벽의 틈으로 원수의 기병과 병거가 물밀듯
밀려 들어오게 됨을 기억하며 살겠습니다.
과거의 상처와 과거의 감정을 감사로 올려드려서 죄 된 기억조차
하늘에 상급 재료로 쌓기를 원합니다.

기도합니다. 기도합니다. 기도합니다.
기도하면 하나님이 일하십니다.
하나님을 사랑하는 나의 기도에는 능력이 있습니다.
항상 하나님의 임재를 느끼고 성령님의 도우심을 기대합니다.

하나님의 말씀은 살아있습니다.

하나님의 말씀은 활력이 있습니다.

하나님의 말씀은 좌우에 날 선 어떤 검보다도 예리합니다.

하나님의 말씀은 혼과 영과 관절과 골수를 찔러 쪼갤 수
있으십니다.

하나님을 사랑하여 생각하고 말하는 나의 행동을 지켜보시고 내
마음의 뜻을 판단하여 주시옵소서.

나의 마지막 결산을 받으실 주님의 눈앞에 만물이 벌거벗은 것
같이 드러날 때 나를 기억하여 주시옵소서.

내가 드리는 희생제물이 말씀의 불에 태워져서 여호와께
향기로운 옥합이 되길 원합니다.

희생제물을 태운 연기가 향기로 올라가는 것과 같이 나의 희생이
하나님 앞에 향기로운 제물이 되게 하여 주시옵소서.

희생의 삶이 향기로 변화되어 하나님을 기쁘시게 하기를
원합니다.

하나님의 관심은 드리는 제물이 아니라 드리는 자의 심령에
있음을 믿습니다.

내 희생을 주님께 드리는 심령에 감사하는 마음이 넘치기를
원합니다.

하나님 아버지 나를 성령의 불로 완전히 태워서 내 삶의 연기가
하나님의 제단에 뿌려지게 하여 주시옵소서.
내 죄성 깊은 자아를 성령의 불로 온전히 태워서 하나님께
올려드리기를 간구합니다.
나는 없어지고 오직 하나님만 남게 하여 주시옵소서.
이 땅에서 썩어 없어질 나의 이름은 사라지고 오직 예수
그리스도의 이름만 드러나기를 원합니다.
내 자아는 태워 없어지고 하나님의 거룩한 흔적만 남게
해주시옵소서.

내 고집된 흔적을 지워 주시옵소서.
내 교만한 흔적을 지워 주시옵소서.
내 거짓된 흔적을 지워 주시옵소서.
내 음란한 흔적을 지워 주시옵소서.
하나님의 영광을 가로채는 자기의를 용서해 주시옵소서.

나의 거짓된 위선을 우리 주님께 올려 드립니다.
성령 안에서 더욱 정직하고 신실한 자로 세워주시옵소서.
예수님의 보혈만이 이 모든 죄의 흔적을 깨끗이 지워낼 수 있음을
믿습니다.

나의 모든 죄를 보혈의 피로 온전하고 깨끗하게 해독시켜

주시옵소서.

처음 익은 열매를 꼭 기억하여 우리 주님께 올려드리려는 향기로운

열매가 되게 해주시옵소서.

처음 용서한 용서의 열매가 사랑이 되어 영원한 천국에서

아름답게 찾기를 원합니다.

처음사랑, 처음희생, 처음겸손, 처음믿음이 온전한 첫 열매가

되어 영원에서 영원에 이르는 예배가 되기를 원합니다.

하나님의 제단에 내 옥합을 깨뜨려드릴 때 하나님이 기뻐하시는

최고의 제물이 되기를 간구합니다.

마음을 굳게 다지고 믿음 안에서 살게 해주시옵소서.

마음을 굳게 다지고 소망 안에서 살기를 원합니다.

생각을 굳게 세워서 사랑 안에서 살기를 원합니다.

말씀을 굳게 믿어서 순종으로 살기를 원합니다.

이 땅에서는 주님 없이 받는 모든 영광은 다 쓸모없고 부질없는

것입니다.

어차피 시간이 지나면 헐게 되고 녹슬어서 다 썩어 없어질 것을

붙잡지 않게 해주시옵소서.

세상 것에서 죄가 되는 것은 취하지도 만지지도 쳐다보지도
않겠습니다.
무엇을 세워놓던지 다 놓고 가야만 하는 허무한 것에 힘을 쏟지
않게 해주시옵소서.

순간적인 것을 내려놓고 영원한 것은 말씀의 손에 쥐고
나아가기를 원합니다.
그리스도의 사랑이 나에게는 영원한 생명이며 소망이 됩니다.
배려는 상대방이 미안해할까 봐 내가 더 미안해하는 것이고
사랑은 상대방이 아플까 봐 내가 더 아파하는 것입니다.

수준 높은 겸손은 나보다 남을 높여주는 아름다움이고 최고의
겸손은 상대방이 상처받을까 봐 그가 싫어하고 꺼리는 것을 하지
않는 것입니다.
겸손과 사랑은 나를 생각하는 것이 아니라 남을 먼저 생각하고
배려하는 것임을 믿습니다.
예수님의 겸손과 사랑은 자기를 버려서 그 향기를 나에게 맡게
해주신 희생이셨습니다.
예수님의 사랑과 용서 앞에 겸손히 무릎을 꿇습니다.

지금까지 살아오면서 주님의 마음을 안정되게 해드린 적이
없었음을 용서하여 주시옵소서.

이제부터는 모든 것 위에 사랑을 더하여 온전하게 주님을
예배하겠습니다.

내가 살아온 발자국이 주님의 마음을 아프게 만들었습니다.

죄로 넘어질까 봐 한시도 우리 주님의 마음을 편하게 해드리지
못한 것을 용서해 주시옵소서.

이제라도 영의 것을 확실하게 볼 수 있는 눈으로 죄와 구별되어
살겠습니다.

마음의 중심에 선을 쌓아서 주의 복음을 선포하고 증거하는
삶으로 살겠습니다.

고난의 떡을 먹고도 광야에서 또 다른 고난의 물을 마셔야 할 때
하늘의 복을 겹겹이 받는 것에 감사하게 하여 주시옵소서.

이제는 끝났다 싶을 때에 드넓은 고난의 바다를 건너야 한다면
오직 예수님만 바라보고 상황과 환경의 파도는 보지 않게
해주시옵소서.

예수님께 눈을 뜨고 세상에 대하여는 눈을 감고 살게
해주시옵소서.

오늘도 내일도 앞으로도 주님이 입혀주신 상급의 예복을 입고
사랑과 섬김과 겸손의 능력으로 칭찬받는 성도가 되게 하여
주시옵소서.
칭찬의 예복은 지극히 겸손한 사랑으로 입는 예수님의
성품입니다.
하늘에서 큰 자가 입는 예복은 예수님이 주신 온유와 겸손의
옷입니다.
가장 지저분하고 더러운 흙 속에서 진주를 만들어 내는 최고의
영예로 살게 해주시옵소서.
진흙 속에 파묻혀 이름도 없이 빛도 없이 고난의 물을 먹으며
살아왔어도 오직 예수님의 옷을 붙잡고 살게 해주시옵소서.
쓴 흙을 먹으며 고난을 감사로 바꾸는 능력을 주시옵소서.
감사로 생각과 마음을 단장하고 온유로 입술을 단장하며 정직과
공의로 나의 삶을 단장합니다.

하나님이 인정해 주시는 최고의 상급자는 예수님을 위하여
언제든지 모든 것을 내려놓을 준비가 되어있는 심령이 가난한
자입니다.
주님과 복음을 위해 언제 어디서나 항상 자기 자신을 부인하고
십자가를 지고 따르며 살게 해주시옵소서.

세상을 이기는 믿음으로 살아가는 성도는 죽음의 권세를 이기신
예수님을 믿고 따라가므로 어떤 것도 두려워하지 않습니다.
그리스도와 함께 죽고 그리스도와 함께 부활하는 하나된 믿음을
주시옵소서.
예수님의 순교를 본받아 주 안에서 날마다 죽는 삶으로 새 힘을
얻게 하여 주시옵소서.

예수님 말씀 한마디에 두렵고 떨리는 마음으로 살아가고
언제든지 무릎 꿇을 준비가 되어있는 심령을 주시옵소서.
예수님이 전부인 삶을 살게 해주시옵소서.
그 사랑과 믿음은 세상 그 무엇으로도 막을 수 없으며 끊어내지
못하는 불멸의 증거가 될 수 있습니다.

기도하는 자는 하늘의 영광을 얻게 되고 세상에서도 기도의
무게가 있으므로 주변 사람들이 함부로 대하지 못할 것입니다.
천국을 소망하는 목적이 있어도 기도의 힘이 없으면 앞으로
전진할 수가 없습니다.
예수님의 강력한 목적은 아버지의 뜻을 이루는 것이며 또한
세상의 죄를 십자가로 없애기 위하여 결사적인 기도를
하셨습니다.

세상이 변하고 환경이 변해도 기도는 쉬지 않고 계속되기를
원합니다.
죽기를 각오하면서까지도 더욱 힘써 기도하신 예수님의 모습을
닮게 하여 주시옵소서.

내 영혼을 살리기 위한 동기를 가지고 간절한 간구를 하게 하여
주시옵소서.
기도밖에 할 수 있는 일이 없는 것처럼 기도에 힘쓰기를
원합니다.
기도로 예수님의 십자가를 신성으로 참여하여 두려울 것이 없게
해주시옵소서.
기도하는 마음을 아침부터 굳게 먹고 기도문 속에 있는 하나님의
마음을 하나하나 살피며 기도하겠습니다.
기도하는 시간을 가장 먼저 확보해 놓은 지혜자가 되기를
원합니다.
모든 생각과 마음을 기도하는 것에 가장 먼저 기도의 손을 얹게
하여 주시옵소서.
기도에 몰입되어 시간이 빠르게 지나가는 기도가 되게 하여
주옵시고 열 시간 기도하고도 십 분처럼 느끼게 해주시옵소서.

억울하고 분한 일이 생겨도 입술을 꾹 닫고 기도하게
도와주시옵고 있는 자리에서 최선을 다하도록 이끌어
주시옵소서.

악인 때문에 피해받아 불쌍한 내가 되는 것이 아니라 기도의
영권을 받아 악인을 의인으로 바꾸는 힘을 내려 주시옵소서.

기도하면 새로운 피조물이 되므로 과거의 내 모습이 어떠했는지
생각할 필요가 없습니다.

기도하지 않으면 마귀는 과거의 나를 떠오르게 만들고 죄악된
기억으로 참소하게 됩니다.

거듭 말하지만 과거는 이미 존재하지 않습니다.

현재에 있지도 않은 허상을 가져와서 위협하는 마귀의 계략을
기도의 불로 싹 다 밀어 버리게 해주시옵소서.

기도하는 자는 지금의 내 모습과 앞으로의 내 삶에 집중하게
됩니다.

내가 말하는 과거는 마귀에게 속아 지금의 내가 교묘히 만들어 낸
이야기에 불과합니다.

기도로 하늘의 영권을 부여받아 진리의 빛으로 마귀의 계략에
맞서 싸워 승리하게 하여 주시옵소서.

죄와 싸우고 죄를 다스리고 죄에서 승리하게 하여 주시되 모든
것에 사랑을 더하여 남의 허물을 덮어주어 죄를 소멸할 수 있는
능력을 주시옵소서.
그러기 위해서는 기도의 끈을 절대로 놓치지 않고 살게
해주시옵소서.

기도하여 심령의 평강을 유지하기를 원합니다.
기도하여 마음의 평안을 갖기를 간구합니다.
기도하여 생각이 그리스도의 평강이 되게 하여 주시옵소서.
성령으로 기도하면 반드시 이깁니다.
말씀으로 기도하면 다 됩니다.
기도가 최고의 영적인 무기입니다.
최고의 기도와 최고의 믿음이 주의 계획에 합한 자가 되게 하여
주시옵소서.

마귀는 기도를 미루게 만들어 죄로 넘어지게 만들고 마음에 힘을
빼앗아 기쁨과 감사는 사라지고 낙심과 한탄을 하게 만듭니다.
그러므로 기도하여 이기고 또 이기고 계속 이기게 하여
주시옵소서.

기도할 때마다 나에게 새 힘을 부어주시고 다시 회복시켜 주시는
우리 주 예수님의 이름으로 간절히 기도합니다. 아멘.

주의 종의 귀를 여시고 이르시기를
내가 너를 위하여 집을 세우리라 하셨으므로
주의 종이 이 기도로 주께 간구할 마음이 생겼나이다 삼하 7:27

우리가 환난 중에도 즐거워하나니 이는 환난은 인내를,
인내는 연단을, 연단은 소망을 이루는 줄 앎이로다 (롬 5:3-4)

너희는 택하신 족속이요 왕 같은 제사장들이요
거룩한 나라요 그의 소유가 된 백성이니 (벧전 2:9)

지극히 큰 약속을 우리에게 주사 이 약속으로 말미암아
너희가 정욕 때문에 세상에서 썩어질 것을 피하여
신성한 성품에 참여하는 자가 되게 하려 하셨느니라 (벧후 1:4)

너희가 그리스도의 고난에 참여하는 것으로 즐거워하라
이는 그의 영광을 나타내실 때에
너희로 즐거워하고 기뻐하게 하려 함이라
너희가 그리스도의 이름으로 치욕을 당하면 복 있는 자로다
영광의 영 곧 하나님의 영이 너희 위에 계심이라 (벧전 4:13-14)

2부

주인의 마음을 시원케 하는 기도

---♔---

충성된 사자는 그를 보낸 이에게 마치 추수하는 날에 얼음 냉수 같아서

능히 그 주인의 마음을 시원하게 하느니라 잠 25:13

내 모든 믿음의 정절을 주님이 입혀 주셨으니

주님이 마치시옵소서.

내 모든 사랑의 희생을 주님이 내려 주셨으니

주님이 받으시옵소서.

내 모든 소망의 침노를 주님이 주셨사오니

주님이 이끌어 주시옵소서.

내 모든 거룩의 연단을 주님이 주셨사오니

주님이 다스려 주시옵소서.

내 모든 기도의 과정도 주님이 시작하셨사오니

우리 주님이 마쳐 주시옵소서.

내가 겪고 있는 모든 것이 주님의 것입니다.

성령을 의지하여 내 마음과 뜻을 다하여

기도하게 하여 주시옵소서.

내 마음이 성령님을 원합니다.

내 영이 주를 바라보고 주를 찾습니다.

성령께서 내 마음을 만져주시옵소서.

성령께서 내 마음을 통해 일하여 주시옵소서.

내 마음이 성령의 불로 가득 차고

그리스도로 채워지게 하여 주시옵소서.

나는 내 자신에게 속해 있지 않고 성령께 속해 있습니다.

성령의 기름 부으심을 믿음으로 간구합니다.

긴장과 압박의 영은 사라질지어다.

죄의 장벽은 예수님의 이름으로 제거될지어다.

기분 나쁜 감정은 예수님의 이름으로 사라질지어다.

과거의 생각과 고통은 예수님의 이름으로 끊어질지어다.

속박되어있는 죄된 감정들아 예수님의 이름으로 없어질지어다.

내 주변에 있는 모든 악한 영들아

예수님의 이름으로 굴복할지어다.

내 믿음을 예수님께 의탁하여 기름부음 받기를

간절히 간구합니다.

살아 있는 하나님의 말씀이 내 옷이 되어 주님과 함께 걷고

주님과 더불어 살게 하여 주시옵소서.

말씀을 온전히 믿고 행하여 예수님이 내 삶에 실재하기를
간구합니다.

말씀을 행하는 것은 성령 안에서 성도의 삶을 사는 것입니다.

하나님의 말씀이 내 속사람에게 입혀져서

완전한 대제사장의 삶이 되게 하여 주시옵소서.

영이신 하나님께 영으로 기도하여

내 감정과 지성에 이끌리지 않기를 원합니다.

예수님이 힘쓰고 애써 기도하셨으니

나도 죽기까지 기도하는 삶을 살게 하여 주시옵소서.

자기 부인의 삶을 통과하여

자기없음의 겸손을 가지고 살게 해주시옵소서.

내가 하는 모든 것에서 예수님을 높여드리고

하나님께 예배드리는 삶을 살게 하여 주시옵소서.

성령님은 신실의 영, 순종의 영, 거룩의 영, 평강의 영이십니다.

기도는 하나님의 영으로 마음을 담아 입술로 간구하는 것입니다.

영의 기도를 하는 성도의 삶에는 거짓이 있을 수 없습니다.

예수님의 이름으로 성령의 생각이 내 생각이 되게 하여

주시옵소서.

성령께서 신부를 통하여 말씀해 주시옵소서.

내가 하는 모든 일이 거룩해질 수 있도록 성령께서 행하여

주시옵소서.

살아계신 하나님의 말씀을 내 입에 담고 귀에 걸어

내 삶에 차고 살게 하여 주시옵소서.

하나님의 말씀이 그리스도의 성품이 되게 하여 주시옵소서.

내 마음의 그릇에 성령으로 가득 채워 주시고

생각의 잔에 기쁨의 기름을 뿌려 주시옵소서.

예수 그리스도의 이름으로 채워주시고 부어 주시옵소서.

내 마음은 예수님을 닮도록 만들어졌사오니

나의 자태가 그리스도의 형상이 되게 하여 주시옵소서.

하나님의 심판은 내 마음의 동기를 들여다보시는 것을

기억하여 이 땅에서 마음에 거리낌 없는 삶으로

살게 하여 주시옵소서.

하나님의 성품과 예수님의 인품을 삶으로 살아내기를 원합니다.

믿음이 마음에 달려 있고 천국을 침노하는 것도 마음에 있사오니

마음을 연단하고 마음을 온전히 주께 드리는 삶을 살게 하여

주시옵소서.

순결한 마음을 가진 자는 예수님이 주인이신 것을 인정하고

예수님이 전부된 삶으로 살아가는 자입니다.

마음에 죄악을 품고 있으면 주님이 기도를 듣지 않으십니다.

상한 마음의 소리로 예수님, 예수님을 부르지 않게 하여 주시고
정금이 내 앞에 있을지라도 항상 말씀을 순종하고 말씀으로
살아내는 은혜를 내려 주시옵소서.

온전한 마음과 온전한 기도를 하나님께 올려 드리기를 원합니다.

성령님이 내 양심을 통해 일하시니 깨끗한 양심으로 살게 하여
주시옵소서.

하나님과 나 사이에 방해되는 모든 것들을 과감하게
비워드립니다.

이제까지 살면서 양심을 무시하고 살은 죄를
예수님의 보혈로 용서해 주시옵소서.

모든 것을 마음으로 행하여 하나님이 예비해 놓으신
영원한 축복을 받게 하여 주시옵소서.

마귀가 주는 고통의 목적은 한탄하고 불평하게 만드는 것을
기억하겠습니다.

고난 속에서 나를 찾아와 주신 하나님의 흔적을 발견하고
기뻐하기를 원합니다.

저는 세상에서 벌거벗고 나온 대로 돌아갈 것이고 수고하여
얻은 것을 아무것도 내 손에 가지고 가지 못할 것입니다.

기도의 생수

세상에서 얻은 불의의 재물을 하늘에 쌓아 영원한 곳에서

다시 찾아내는 가장 지혜로운 자로 살게 하여 주시옵소서.

이 땅에서 충성된 그리스도인으로 살아가게 하여 주시옵소서.

내 겉사람이 세상 것에 기뻐하면

내 속사람은 소리 없는 고문을 당하고 있습니다.

내 겉사람이 세상 것에 만족해하면 내 속사람은 영적 갈증으로

계속되는 고갈이 되고 있음을 깨닫게 하여 주시옵소서.

내 영이 고통의 죄를 먹지 않게 하시고 고난의 양식을 순종으로

먹게 하여 주시옵소서.

고난 중에 처한 무명인이라도 여호와의 이름을 의뢰하겠습니다.

내 하나님께 의지할지어다.

말씀으로 살아갈지어다.

고난의 불 가운데로 지나가고 고통이 있는 곳에 누울지라도

여호와께서 나와 함께 하시나니 그곳이 푸른 초장이 됨을

믿습니다.

의를 따르며 여호와를 찾아 간구하는 자로 살게 해주시옵소서.

복음이 땅 끝까지 퍼져나가는 부흥의 때는 희생의 때입니다.

내 영이 희생의 열매를 먹게 하여 주시옵소서.

나를 부인하고 자신을 버려서 향기로운 제물과 희생 제물로
하나님께 드리게 하여 주시옵소서.
성령으로 분별하여 고통과 희생이 아름다운 예배가 되기를
원합니다.
무익한 종이 하여야 할 일을 하고 하늘에서 종의 삯을 받게 하여
주시옵소서.
오직 기도만이 악한 영을 물리치고 성령님과 함께 같은 길을
걸어갈 수 있습니다.
하나님이 주신 기도의 주권을 내 속사람이 움켜쥐게 하여
주시옵소서.
불평하면 하나님과 함께할 수 없사오니 입술의 거룩을 지키게
하여 주시옵소서.
감사하는 입술이 되어 내 영이 감사의 양식을 먹게 하여
주시옵소서.

온유한 주님의 빛 가운데에서 빛나는 성도의 자태로 변화되기를
원합니다.
다가올 영광과 족히 비교할 수 없는 죄의 유혹을 과감하게
버립니다.
죄를 버리는 것만큼 자유를 누리고 하늘의 것을 얻게 하여

주시옵소서.

세상에 속한 나를 십자가에 못 박아 거룩한 순교자의 삶을 이루어

주시옵소서.

하나님이 나를 위해 더 좋은 소망으로 더 좋은 천국을 예비해

주셨습니다.

성령 안에서 온전함을 이루게 하여 주시옵소서.

가장 아름답고 순결한 완전한 자의 영광을 얻게 하여 주시옵소서.

성도의 믿음으로 하늘로부터 임하는 능력을 맛보게 하여

주시옵소서.

고통 가운데서도 흔들림 없는 믿음으로 보좌에 계신 주님을

바라보기를 원합니다.

내 속사람이 항상 내 앞에 있는 주의 광채를 보게 하여

주시옵소서.

주께서 내 우편에 계시므로 내 영은 절대로 요동하지 않습니다.

내가 겪고 있는 고난은 하나님의 보좌로 나아가는 빠른 길이며

축복의 통로임을 믿습니다.

살면 충성이요 죽으면 순교자의 면류관을 받게 될 마음으로
살게 하여 주시옵소서.

성령의 능력으로 죄 된 타협을 무너뜨리게 하여 주시옵소서.

하나님을 내 목숨보다 더 사랑할 수 있는 믿음을 주시옵소서.

칭찬과 감사와 존경은 마귀가 주는 대접임을 명심하고
살겠습니다.

성령으로 이기는 자가 되고 끝까지 주의 일을 지키는 자가 되어
만국을 다스리는 권세를 받게 하여 주시옵소서.

내 자아는 십자가에서 죽었으나 믿음의 삶으로 우리 주님을
나타내고 살게 하여 주시옵소서.

지금 예수님과 함께 내 욕심과 교만이 죽으면 예수님과 영원히
살게 될 것을 믿습니다.

겸손한 모습으로 나를 낮추고 죽기까지 복종하여
십자가에서 완전히 죽게 하여 주시옵소서.

십자가의 삶에 나는 없습니다.

오직 예수님만 계십니다.

죽음 이후에 내 육신은 흙으로 돌아가지만
내 영혼은 하나님의 보좌 앞에서 누리게 될 영광을 생각하고
살게 하여 주시옵소서.

지극히 작은 것 하나에도 만족하고 감사하며
하나님을 기쁘시게 만들기를 원합니다.
이 세상 모든 것을 다 주어도 오직 주님만을 사랑하는
믿음의 정절을 내어줄 수는 없습니다.
내 속사람이 주님이 주시는 참기쁨과 평안으로 살기를 원합니다.

우리 주 예수 그리스도를 위해 희생당하는 것보다
더 귀중한 일은 없습니다.
우리 주 예수 그리스도를 위해 억울함 당하는 것보다
더 빛나는 일은 없습니다.
우리 주 예수 그리스도를 위해 서운함 당하는 것보다
더 보배로운 일은 없습니다.
우리 주 예수 그리스도를 위해 외로움과 비난을 당하는 것은
가장 최고로 빛나는 영광임을 믿습니다.
우리 주 예수 그리스도의 복음을 위해 핍박당하는 것보다
더 큰 영광은 없을 것입니다.

성령의 능력으로 죽음의 권세를 몰아내고 보혈의 권세로
승리하게 하여 주시옵소서.

오늘 하루도 말없이 내 자아가 십자가에서 죽음으로써
그리스도와 완전체가 되게 하여 주시옵소서.
내 영이 십자가에서 흘려주신 주님의 피와 살을 끊임없이 먹기를
원합니다.

예수님이 나를 위해 죽으셨으니 나도 내 안에 욕심이 죽고 교만과
고집이 죽어 하나님의 의가 드러나기를 원합니다.
내 마음에 그리스도를 향한 사랑으로 채워주시옵소서.

예수 그리스도의 이름으로 하늘에 있는 신령한 것들로 흔들어
넘치게 채워주시옵소서.
부름받은 십자가의 길을 끝까지 걷기를 원합니다.
주님의 사랑으로 나를 이끌어주시고, 나는 오직 주의 사랑을
의지하였사오니 내 마음이 기뻐 춤추게 하여 주시옵소서.
주님의 이름을 사랑하는 신부는 주님이 어디를 가시든지 겸손
가운데 따라갑니다.

주께서 계신 내 마음과 주님의 영광이 머무는 곳을 전심으로
사랑합니다.
주의 얼굴을 저에게 비춰주시고 주의 사랑하심으로 나를 이끌어

주시옵소서.

여호와 하나님을 찬송합니다.

하나님의 그 놀라운 사랑을 나에게 보여주셨으니

이제 내가 그 사랑 가운데 행하게 하여 주시옵소서.

사람들이 악으로 나의 선을 갚으며

미워함으로 나의 사랑을 갚을지라도,

오직 나는 여호와 하나님만 바라보고 살게 하여 주시옵소서.

여호와께서 나의 기도를 들으시고 나의 간구를 들으심이 내

호흡하는 것보다 많게 하여 주시옵소서.

나를 사랑하시는 하나님이 주의 말씀을 행하기만 하면

영광의 길로 이끌어 주신다고 하신 말씀을 지켜 주시옵소서.

말씀에 살고 말씀에 죽는 정절을 지킨 종의 삶에

하나님의 눈과 마음이 머물게 하여 주시옵소서.

하나님께서 원하시는 대로 내 영을 소생케 하여 주시고

믿음에 믿음으로 이르게 하여 주시옵소서.

하나님이 참으로 나와 함께 계시오니

나를 통하여 복음의 계획과 뜻을 이루어 주시옵소서.

하늘과 하늘들의 하늘이라도 우리 주님이 명하시면 한순간에
말아 없어질 것이니 말씀에 힘을 더욱 부어 주시옵소서.

처음과 중간보다 마지막이 아름다운 삶이 되게 하여 주시옵소서.
보지 못하고 믿는 믿음을 주신 하나님께 감사하고 또 감사하며
살기를 원합니다.
내 영이 보지 못하고 믿는 믿음을 가지고 그리스도의 피와 살을
먹고 자라나게 하여 주시옵소서.
말씀으로 기도하여 살아 있는 말씀이신 생명의 성령을 먹고
마시기를 원합니다.
주님은 살아 있는 말씀으로 나와 함께 계심을 믿습니다.
그리스도와 살아 있는 말씀과 성령이 하나 되어 내 안에 계심을
믿습니다.
내 안에 말씀이 살아 역사하고 있음은 내 안에 예수께서 살아
계신 것임을 믿습니다.
이 기도를 들으시고 들으시사 하늘문을 더 크고 활짝 열어
주시옵소서.
주인 되신 예수님이 저의 기도와 간구를 돌아보시며
주 앞에서 부르짖는 기도를 들으시옵소서.
저를 향한 주님의 눈이 주야로 종이 간청하는 기도를 보시고

속히 응답해 주시옵소서

내 마음을 드려 성령님께 맞추기를 원합니다.

내 마음과 성령님이 하나가 되게 하여 주시옵소서.

성령님이 내 안에서 능력으로 나타내 주시옵소서.

하나님의 의와 나라를 위해 내 심령을 밝히 비춰주시옵소서.

나의 시선은 성령 안에 있는 평안과 기쁨에 있고

하나님이 임하기를 간구할 뿐입니다.

사람이 고난을 당하는 것은 모두가 다르나

그 고난을 다루시는 분은 오직 주님 한 분이십니다.

그러므로 나의 고난을 주님께 맡길 때

주님의 능력으로 통과하게 도와주실 것을 믿습니다.

예수 그리스도의 이름으로 성령의 불이 붙게 하여 주시옵소서.

내 속사람이 강건해지고 겉사람의 몸도 건강한 모습으로

충성을 다하게 하여 주시옵소서.

내 마음에 그리스도의 평강이 임할지어다.

내 모든 자유의지에 성령의 불이 임하게 하여 주시옵소서.

내 안에 성령께서 나를 지배하여 주시고 다스려 주시옵소서.

나를 완전히 부인하게 도와주시고 자기없음의 모습으로
살기를 간청합니다.
신실한 마음으로 작게 시작하였어도 맡겨진 작은 것에
충성을 다하는 종으로 살게 하여 주시옵소서.
내 것을 주님이 원하시는 뜻대로 사용하여 주시옵소서.
눈을 뜨고 감으며 내가 호흡하고 보는 것마다
주님이 함께하여 주시옵소서.
나의 앉고 일어섬을 주님이 보시오니
항상 밀착된 동행이 되기를 원합니다.
하나님을 의지하는 것이 영원히 계속되게 하여 주시옵소서.
하나님을 향한 거룩한 믿음의 정절을 저버리지 않게 하여
주시옵소서.
항상 기도하여 하나님과의 소통이 조금도 단절되지 않기를
원합니다.

내 영이 주 안에서 주님과 더불어 살게 하여 주시옵소서.
맡겨진 것에 충성으로 보답하겠습니다.
충성함으로써 충성의 양식을 먹게 하여 주시옵소서.
거룩함으로써 거룩의 양식을 먹게 하여 주시옵소서.
겸손함으로써 겸손의 양식을 먹게 하여 주시옵소서.

용서함으로써 용서의 양식을 먹게 하여 주시옵소서.

희생함으로써 희생의 양식을 먹기를 원합니다.

사랑함으로써 사랑의 양식을 먹기를 소원합니다.

하늘에 있는 신령한 만나를 먹을 때마다

내 영이 더욱 강건해지기를 원합니다.

오늘도 말씀 안에서 쉬지 않고 기도하겠습니다.

내 영이 기도의 양식을 쉬지 않고 먹게 하여 주시옵소서.

고난과 시련의 불이 와도 이상하게 생각하지 않고

하나님이 주실 상급의 축복으로 믿겠습니다.

내가 순종할 때마다 내 영은 하늘에서 내려오는 축복의 선물을

받게 됩니다.

하나님의 거룩함과 속된 것을 구별하며 살아가는 자로 살기를

원합니다.

부정함과 정결한 것을 구분하여 더욱 거룩한 삶을 살게 하여

주시옵소서.

군말 없는 겸손을 원합니다.

깨끗한 성도의 삶을 살 수 있게 하여 주시옵소서.

죽음의 권세를 이기기를 원합니다.

죽음의 권세를 이기고 부활의 능력으로 살게 하여 주시옵소서.

내 삶 속에서 내 자아의 죽음이 거룩을 이루고 예배가 되기를
원합니다.
내 자아의 죽음을 면해 보려고 내 믿음을 저버리지 않게
도와주시옵소서.

주님이 저를 붙들어 주셔서 이 모든 시험과 고난을 통과할 수
있는 은혜를 주시옵소서.
오직 죽으면 죽으리라는 믿음의 일사각오만을 가지고 살기를
원합니다.
내 몸에 희생을 아끼려다가 우리 주님 욕되지 않게 하여
주시옵소서.
주님을 위하여 찾아오는 십자가를 내가 이제 피하였다가 심판대
앞에서 무슨 낯으로 우리 주님을 뵐 수 있겠습니까?
오랜 고난을 성령의 인내로 견디기를 원합니다.
오랜 고생을 말씀의 능력으로 살게 하여 주시옵소서.
단번에 받는 고난을 이길 수 있게 하여 주시고
오래 끄는 고난도 성령으로 승리하게 도와주시옵소서.
주님께서 내 마음을 붙잡아주시고 감정을 지켜주시옵소서.
처음에는 내가 십자가를 지지만 나중에는 주님의 십자가가
나를 지어주심을 믿습니다.

처음에는 내가 말씀을 지키지만 나중에는 주님의 말씀이

나를 지켜주고 있음을 믿습니다.

말씀에 살고 말씀에 죽게 하여 주시옵소서,

복음에 살고 복음에 죽게 하여 주시옵소서.

성령으로 살고 성령으로 죽게 하여 주시옵소서.

예수님 때문에 살고 예수님 때문에 죽게 하여 주시옵소서.

내 자아가 십자가에서 죽어야만 부활의 영광도 있게 됩니다.

하나님의 거룩한 종은 세상의 쾌락에게 정절을 깨뜨리지

않습니다.

이 몸이 주 안에서 자랐고 주 앞에서 헌신하기로 약속하였사오니

서원한 대로 이루어 주시옵소서.

무엇으로도 그리스도와의 사랑을 끊을 수가 없으니

오직 의에 살고 의에 죽게 하여 주시옵소서.

사랑하는 나의 주님,

내 영혼을 주님께 완전히 의탁하고 맡깁니다.

교회에서든 일터에서든 내 영혼을 주님께 맡기며

살아가게 하여 주시옵소서.

세상 쾌락 앞에 절하지 않게 도와주시고 이 길을 걸어가다가

외로움 끝에서도 감사할 수 있는 믿음을 주시옵소서.

말씀과 기도에 오직 전념하기를 원합니다.

세상을 움직이는 것은 말이 아니라 오직 믿음의 행함에 있습니다.

사람의 눈에 실패란 현실이 하늘에서는 가장 큰 영광이 되게 하여
주시옵소서.

말씀따라 나를 깨끗이 하고 끝까지 사랑하게 하여 주시옵소서.

고난을 견디는 믿음의 힘을 주시고 죄를 이겨내는 성령의 능력을
허락해 주시옵소서.

고난의 무게는 영광의 무게입니다.

주님이 주신 고난을 견디는 것은 영광을 얻어내는 길임을
믿습니다.

예수님이 주시는 힘으로 십자가의 무게를 견디게 하여
주시옵소서.

새 생명 가운데에서 행하기를 원합니다.

예수님과 함께 죽고 다시 사는 부활을 믿는 믿음으로 살겠습니다.

부활의 생명이 기쁨으로 역사하여 주시옵소서.

내 삶에 있는 고통의 무게를 주님 앞에 올려드립니다.

믿음의 뿌리, 사랑의 뿌리, 소망의 뿌리가 거룩하게 되어

하나님 앞에 온전한 말씀의 뿌리가 되게 하여 주시옵소서.

하나님의 말씀 안에서 사랑하고 용서하고 희생하며 살게 하여

주시옵소서.

다윗의 창대함보다는 나사로의 가난함 속에서 심령이 가난한
자로 살게 하여 주시옵소서.

말씀 따라 주님의 피 자취를 따라가게 하여 주시옵소서.

다른 것 보지 않고 오직 예수님만 따라가는 삶이 되기를
원합니다.

주님이 보여주신 삶 그대로를 성령으로 살아내게 하여
주시옵소서.

쉬지 않겠습니다.

멈추지 않겠습니다.

내 생명조차 아끼지 않는 믿음을 주시옵소서.

주를 위해 사는 것이 내 소망이요, 내 기쁨입니다.

오직 예수님만이 내 삶에 드러나기를 소망하며 나의 주인되신
우리 구주 예수님의 이름으로 간절히 기도드렸습니다. 아멘

자기를 깨끗하게 하면 귀히 쓰는 그릇이 되어 거룩하고 주인의 쓰심에
합당하며 모든 선한 일에 준비함이 되리라 딤후 2:21

십자가의 보혈이 쏟아지는 기도

그 중 한 군인이 창으로 옆구리를 찌르니

곧 피와 물이 나오더라 요 19:34

예수님이 십자가에서 흘리신 피와 물은 나를 살리기 위한

희생이셨습니다.

지금 십자가 밑에 나아가 십자가에서 달리신 예수님의 발 앞에

엎드립니다.

십자가에서 흘리신 보혈로 내 머리부터 발 끝까지 덮어

주시옵소서.

예수님의 보혈, 예수님의 보혈, 예수님의 보혈을 믿음으로 뿌리고

바르고 덮습니다.

예수님의 보혈이 내 머리부터 발끝까지 뿌리고 바르고

덮어집니다.

내 속사람아 예수님의 보혈을 받을 지어다.

내 속사람아 예수님의 보혈이 생기가 되어 새 호흡을 할 지어다.

십자가의 크신 능력이 나를 이끌어 주시옵소서.

내 머리에 주님의 가시관이 있고, 내 몸에는 주님의 붉은 옷이

입혀져 있습니다.

주님이 걸어가신 자국마다 눈물의 피가 내 영혼에 스며들기를
원합니다.

눈물 없이는 못 가는 길, 피 없이는 못 가는 길을 우리 주님이
먼저 가셨사오니 나도 그대로 따라가게 하여 주시옵소서.

십자가의 좁은 길이 영광의 길이 되게 하여 주시고
골고다의 언덕이 감사가 되게 하여 주시옵소서.

십자가의 고난이 아무리 어려워도 주님 가신 길을 따르겠습니다.

다시 오지 않는 오늘을 성령으로 붙잡아 하늘에 쌓게 하여
주시옵소서.

흘러가는 시간을 기도의 잔에 담아 하나님의 뜻을 이루게 하여
주시옵소서.

지나가는 시간을 말씀으로 명하사 영원히 있게 하여 주시옵소서.

오직 기도하는 삶을 살게 하여 주시옵소서.

고난과 핍박 속에서도 더욱 간절히 기도하는 힘을 주시옵소서.

주의 말씀을 내 것으로 만들어 거룩한 흔적을 남기고 살게 하여
주시옵소서.

오늘도 내 모든 삶이 하늘에 있는 행위록에 세밀히 기록되고
있음을 생각하고 살겠습니다.

예수님의 마음과 생각을 가득 안고 살게 하여 주시옵소서.

내 생각과 행동과 마음가짐을 다 보시고 들으시고
기록하시는 것을 잊지 않고 살겠습니다.
오늘도 말씀과 하나되어 온전한 동행을 원합니다.
쉴 새 없이 쏟아지는 성령의 기쁨을 내려 주시옵소서.
감사하는 마음으로 원망과 불평을 이기게 하여 주시옵소서.
순종하는 마음으로 갈 수 없는 길을 담대히 나아갈 수 있게 하여
주시옵소서.
순종할 때마다 나의 영은 순종의 양식을 먹게 됩니다. 아멘.

예수님을 사랑하는 자는 좌로나 우로나 흔들리지 않습니다.
오직 예수님에게 집중하여 사람들의 말에 내 귀를 내어주지
않겠습니다.
오직 말씀에 집중하여 사람들의 행동에 내 생각을 내어주지
않겠습니다.
오직 성령의 음성에만 집중하고 살겠습니다.
사람들의 시선에 내 눈과 마음을 결단코 내어주지 않겠습니다.
오직 주의 말씀에만 내 눈이 떠지고 귀가 열리게 하여
주시옵소서.
오직 주님께만 나의 시선을 고정해 놓고
내 몸을 살아 있는 예배자로 올려드립니다.

내 영혼의 집인 마음을 지키고

내 몸의 집인 몸된 교회를 돌보게 하여 주시옵소서.

오늘도 하늘나라에 기록되는 삶으로 살기를 소망합니다.

천국의 재료가 되는 영의 기도로

우리 주님을 기쁘시게 하기를 원합니다.

기도가 삶이 되고 일상이 되고 거룩한 습관이 되게 하여

주시옵소서.

기도는 하늘의 기쁨을 누릴 수 있는 최고의 선물입니다.

기도로 감사하고 맡기면 모든 것이 주 안에서 이루어질 수

있습니다.

기도로 성령님과 함께 영광의 길을 걷게 하여 주시옵소서.

주의 말씀을 정금보다 귀하게 여겨 내가 손해 보았을 때

더 큰 감사로 예배하게 하여 주시옵소서.

죄된 말을 하지 않게 하여 주시고 아쉬운 말도 하지 않게 하여

주시옵소서.

예수님을 위하여 죽고, 예수님을 위하는 삶을 살기를 간구합니다.

하나님이 살아계시고 다 지켜보고 계심을 믿고

아무것도 염려하지 않게 하여 주시옵소서.

쉬운 길은 넓은 길이요 사망에 이르는 길입니다.

십자가의 길이 힘들어도 주님이 함께 하시면

기쁨의 길이 될 수 있음을 믿습니다.

가시밭길이 아픈 길이어도 성령님이 함께 하시면

가장 최고로 빛나는 영광된 길임을 믿습니다.

기도의 보좌로 나아가는 영적인 힘을 얻게 하여 주시옵소서.

내가 원하는 육의 것을 간구하지 않는 것이

영의 기도임을 믿습니다.

주님이 원하시는 것으로 바꾸어 간구하는 것이

거룩한 기도임을 믿습니다.

기도는 하늘의 능력을 부여받고 생명이 넘치는 시간입니다.

내가 원하는 것은 없어지고

주님이 원하시는 것을 이루어 주시옵소서.

내 속에 거하는 죄도 성령으로 기도하면 그 죄가 힘을 얻지

못하고 잃게 됩니다.

그러나 기도하지 않으면 내 속에 있는 죄가 힘을 얻어

나를 통제하게 됩니다.

그러므로 항상 기도하고 쉬지 말고 기도하고

끊임없이 기도하게 하여 주시옵소서.

세상에 대하여는 미련하게 보일 만큼 바보로 살게 하여

주시옵소서.

기도할 때 기도 안 하는 것이 더 힘들고,

말씀 읽을 때 말씀을 안 읽는 것이 더 힘든 것을

기억하게 하여 주시옵소서.

오늘도 내 자아가 십자가에서 잘 죽기 위해 기도하고

또 기도합니다.

말씀 안에서 잘 죽게 하여 주시고,

십가가 안에서 아름답게 죽게 하여 주시옵소서.

성령 안에서 겸손하게 죽게 하여 주시고

육신의 정욕과 이생의 자랑이 없는 자로 살게 하여 주시옵소서.

하나님 안에서 기도를 누리는 것이 최고의 힘이고 권세임을

믿습니다.

내 고집의 채찍으로 주님을 채찍질하지 않게 하여 주시옵소서.

내 완악함의 채찍으로 주님을 채찍질하지 않게 하여 주옵소서.

내 교만의 채찍으로 주님을 채찍질하지 않기를 간절히

간구합니다.

원망과 불평의 창으로 계속 주님을 찌르지 않기를 간청합니다.

생명을 버리면서까지 나를 사랑하신 주님을
저는 절대로 저버릴 수가 없습니다.

많은 것을 하지 않았으면서도 많은 것을 한 것처럼 말한 죄를
버리게 하여 주시옵소서.
숨어 있는 작고 작은 자기의조차 우리 주님께 내어 드립니다.
겸손해 보이는 듯한 자기의를 용서해 주시옵소서.
거룩해 보이는 듯한 자기의를 용서해 주시옵소서.
경건해 보이는 듯한 자기의를 용서해 주시옵소서.
회칠한 무덤처럼 그럴듯해 보이는 숨어 있는 자기의를
용서해 주시옵소서.
앓는 소리, 핑계댄 소리, 변명하던 죄된 소리를 보혈의 권세로
용서하여 주시옵소서.
죄로 가득찬 나를 버려야 진정한 복음이 전해집니다.
나를 버렸을 때 비로소 복음이 살아 움직이게 됨을 믿습니다.
나를 버려야만이 복음은 능력으로 나타나게 됩니다.

복음은 나를 버리는 만큼 그리스도의 뜻이 되어 이루어질 수
있음을 알게 되었습니다.
복음은 나를 비우는 만큼 생명으로 채워집니다.

내가 아무것도 아닌 것이 될 때 복음은 생명이 되어 살아나게
됨을 믿습니다.

희생 없는 복음은 세상적인 일에 지나지 않습니다.

눈물 없는 복음은 사람 모으기에 불과한 헛되고 헛된 일입니다.

그리스도의 희생과 사랑을 모르고 전하는 것입니다.

나를 계속해서 땅에 던지는 겸손의 기도를 하지 않으면 내 안에
있는 혈기는 밖에 나와 설치고 다닐 것입니다.

예수님의 보혈로 덮어주시고, 내 안에 있는 정욕들이 살아나지
않게 하여 주시옵소서.

세상 사람들이 보기에 당당한 것일수록 더 말을 삼가 조심하여
주 앞에서 교만하지 않게 하여 주시옵소서.

내 지경이 감소될수록 하나님의 지경이 더 넓어지게 하여
주시옵소서.

가장 강력한 지성소의 기도는 오직 주님의 주권이 있는
기도임을 믿습니다.

내 거짓 자아가 섞여 있을수록 지성소에서 성소로, 성소에서
바깥뜰로, 바깥뜰에서 담장 너머로 밀려날 수밖에 없는 육의
기도가 됩니다.

하나님이 주신 최고의 기업과 상급을 받기에 합당한 자가
되기를 원합니다.
기도의 시작은 거룩한 삶의 시작임을 믿습니다.
말씀을 지켜내고 말씀에 맞는 삶을 살기 위해서는 모든 것을
포기할 수 있는 거룩한 댓가를 지불하며 살게 하여 주시옵소서.

거룩한 믿음은 내 영이 거룩한 양식을 먹게 되고, 희생의 순종은
내 영이 희생의 열매를 먹게 됨을 믿습니다.
이유를 알 수 없는 어려움 속에서도 성령의 힘으로 기도하게
도와주시옵소서.
천국은 눈물도 없고 실망이나 좌절을 찾고 싶어도 영원히 찾아볼
수 없는 곳입니다.

거기에는 속는 것도 없고 빼앗기는 것도 없이 오직 안정과 평안만
있는 곳입니다.
그러므로 이 땅에서 주를 위해 희생하고 복음 때문에 억울함을
당하는 것은 가장 최고의 영광된 기회임을 믿습니다.

이 땅에서 주 안에서 소외당하고 무시당할수록 천국에서는 큰
자가 될 것입니다.

희생당하고 억울할수록 제가 입게 될 찬란하고 아름다운
세마포는 가장 빛나게 될 것입니다.
복음을 전하고 충성하였으되 알려지지 않을수록 천국에서는
크고 아름다운 거처가 예비되어 있을 것입니다.

하나님의 영광을 위하여 한 것은 후회가 없기를 원합니다.
마음이 상하는 일이 생겨도 예수님의 이름과
복음을 위하여 한 것은 후회가 없게 하여 주시옵소서.
나는 예수님을 섬기는 것에는 한 치의 후회도 없습니다.
복음 때문에 생긴 마음의 어려움이 천국에서 받게 될 영광의
광채로 바뀌게 하여 주시옵소서.
고생하고 힘들고 어렵고 지쳐서 더이상 일어설 수도 없을 때
우리 주님이 더 가만히 지켜보고 계신다는 것을 기억하게
도와주시옵소서.

하나님이 나의 모든 억울함과 모든 괴로움을 보좌에서 선포해
주시는 그날이 되기까지 인내하게 하여 주시옵소서.
그날에 이르러 나를 알던 많은 사람들 앞에서 하나님이 주시는
공의로운 빛으로 나의 눈물을 씻어 주시옵소서.

모든 무릎이 예수님 앞에 꿇는 그 날에 악인들 앞에서 나를
일으켜 세우사, 때가 이르매 높여주신다고 약속하신 말씀을
이루어 주시옵소서.
그러므로 예수님 말씀을 지키기 위하여 당하는 모든 외로움과
서러움을 믿음으로 하늘에 쌓게 하여 주시옵소서.

주님은 내 기도를 통하여 계획하시고 내 믿음의 행위로 일하고
계십니다.
기도로 이김을 주시고 하나님의 선한 능력으로 나를 이끌어
주시옵소서.
날마다 매일매일 기도할수록 예수님과 더욱 가까워지는 성도로
살기를 원합니다.
스쳐 지나가는 시간 속에서도 기도를 담아 주님의 마음을
기쁘시게 하는 어여쁜 자가 되기를 간구합니다.
가장 작고 하찮아 보이는 것일지라도 주님이 주신 것이라면
충성으로 보답하게 하여 주시옵소서.
사람들로 인한 분함이 내 마음에 뿌리내리지 않도록 힘써
지키겠습니다.
기분 나쁜 상황이 오게 되어도 십자가에서 '저들을 용서하소서'
말씀하신 예수님을 떠올리겠습니다.

기분 나쁜 감정에 죄를 제공하지 않겠습니다.

기분 나쁜 감정이 자연스러운 상황에서도 기분 나쁜 일을
생각하는 것은 죄가 됩니다.

기분 나쁜 일을 품는 것은 성령님을 근심하게 만들고, 나를
하나님 위에 있게 하는 교만한 행위임을 기억하겠습니다.

내 분냄과 자기중심적인 주장을 하나님의 말씀보다 더 높은
권리로 놓지 않게 하여 주시옵소서.

기분 나쁜 감정의 덫에 걸리지 않게 하여 주시옵소서.

내 기준으로 사는 것이 아니라 무엇이든지 용서하시는 하나님의
기준으로 살게 하여 주시옵소서.

예수님의 십자가는 모든 것을 용서하여 분낼 권리를 무너뜨리는
능력입니다.

내 분낼 권리를 주님께 올려드립니다.

하나님께서 값없이 주시는 용서를 다른 사람에게도 아낌없이
주게 하여 주시옵소서.

아낌없는 용서로 아낌없는 사랑 가운데 살게 하여 주시옵소서.

미워하는 감정을 품고 있을 때마다 내 육에 굴복하는 것이니,
십자가로 돌아가서 예수님의 이름으로 악한 영을 몰아내게 하여
주시옵소서.

육신의 생각은 사망이요, 하나님과 원수가 되고 하나님을
기쁘시게 할 수 없습니다.

내가 십자가의 빚진 자로되 육신에게 져서 육신대로 살지 않게
하여 주시옵소서.
하나님의 영으로 인도받아 하나님의 상속자요, 그리스도와
함께한 상속자가 되기를 원합니다.

지금까지 내 감정대로 살은 죄를 예수님의 보혈로 용서하여
주시옵소서.
지금까지 내 생각대로 살은 죄를 예수님의 보혈로 용서하여
주시옵소서.
지금까지 내 기분대로 살은 죄를 예수님의 보혈로 용서하여
주시옵소서.
지금까지 내 마음대로 살은 죄를 예수님의 보혈로 용서하여
주시옵소서.
내 감정도 하나님의 것입니다.
내 생각도 하나님의 것입니다.
내 기분도 하나님의 것입니다.
내 마음도 하나님의 것입니다.

주께서 불완전한 내 감정을 가져가시고 하나님의 거룩한
성품으로 바꿔 주시옵소서.

하나님의 기름부음을 유지하는 거룩한 성품을 주시옵소서.

성령의 기름부음은 성품의 양식을 먹고 거룩을 유지하는
삶입니다.

분냄과 화냄을 예수님의 이름으로 거절함으로써 마귀를
대적하고 싸워 이길 수 있는 힘을 주시옵소서.

나에게 일어나는 무슨 일이든지 하나님 아버지의 허락 안에서
일어나고 있음을 믿음으로 보게 하여 주시옵소서.

사람들이 나를 모욕하면 아버지를 모욕하는 것이고, 그들이 나를
함부로 대하면 아버지를 함부로 대하는 것입니다.

그들이 저에게 거짓말을 하면 아버지에게 거짓말을 하는
것입니다.

왜냐하면 저는 제 자신이 갖고 있는 힘이 하나도 없음을 알고
있기 때문입니다.

저는 마음속에 분낼 여지가 없습니다.

저는 분낼 권리가 없다는 것을 알고 있습니다.

노하기를 더디 하는 것이 사람의 슬기입니다.

남의 허물을 용서하는 것이 자기의 영광임을 믿습니다.

그들의 허물을 내가 용서하는 것이 아니라 그리스도께서 친히 용서하시는 것입니다.

저는 그저 예수님을 본받아 주님의 삶을 따르고 주님의 말씀에 순종하고 복종하기만 하면 됩니다.

주님이 나를 잡아주시니 감사합니다.

주님이 나를 일으켜 세워 주시니 감사합니다.

주님이 나를 지켜보고 계시니 감사합니다.

항상 내 우편에 계신 하나님을 생각하게 하시니 감사합니다.

끝까지 사랑하게 하여 주시옵소서.

끝까지 거룩하게 하여 주시옵소서.

끝까지 겸손하게 하여 주시옵소서.

끝까지 인내하게 하여 주시옵소서.

성령님 이 기도를 통하여 하나님의 뜻을 이루어 주시옵소서.

육의 생각을 버립니다.

육의 감정을 버립니다.

육의 정욕을 버립니다.

육의 습관을 버립니다.

하나님 아버지께서 살아계신 것이 확실하오니 전부를 걸고 따르게 하여 주시옵소서.

사람 말을 듣지 않고 하나님의 말씀만 듣게 하여 주시옵소서.

세상 것을 보지 않고 하나님의 영광에만 주목하게 하여
주시옵소서.

하나님이 주신 목표를 완성할 수 있게 하여 주시옵소서.

말씀을 순종하여 믿음이 성장하고 성품의 변화가 되게 하여
주시옵소서.

하나님께서 주시는 감사로 충만하여 감사하는 성품을
주시옵소서.

예수님의 겸손을 주셔서 겸손한 성품이 되게 하여 주시옵소서.

예수님의 거룩을 주셔서 거룩한 성품이 되게 하여 주시옵소서.

하늘의 권세를 가진 성령의 갑옷을 입혀 주셔서 말 한마디로
마귀의 군단을 박살내는 기도의 능력을 주시옵소서.

하늘의 권세를 가진 성령의 전신갑주를 입혀 주셔서
시선만으로도 마귀의 군단을 단번에 불태워 버리는 불의 능력을
주시옵소서.

내 영의 오른손에는 성령의 불검이 주어지고 내 영의 왼손에는
성령의 말씀이 권능으로 있게 하여 주시옵소서.

이 성품이 심령 밖으로 흘러넘치게 하여 주셔서 주변에 있는
영혼들이 하늘의 양식을 먹고 살아나게 도와주시옵소서.

쳐다만 보고 있어도 바라보고 있는 눈이 다 녹아 없어질 만큼

아름다우며 깨끗하며 거룩하고 온유하고 사랑이 넘치게 하여

주시옵소서.

하나님께서 주시는 만족으로 경건한 성품을 온전히 이루게 하여

주시옵소서.

예수님의 성품이 되고 예수님의 인품이 되게 하여 주시옵소서.

하나님의 성품을 받을지어다.

내 영이 성품의 양식을 먹습니다.

예수님의 인품을 받을지어다.

내 영이 인품의 양식을 먹습니다.

성령의 기름부음이 아름다운 성품으로 완성되게 하여

주시옵소서.

하나님, 저의 믿음을 마음껏 취하여 주시옵소서.

하나님, 저의 시간을 마음껏 취하여 주시옵소서.

하나님, 저의 삶을 마음껏 취하여 주시옵소서.

하나님, 나의 소망은 신랑 되신 예수 그리스도이십니다.

주님의 말씀 때문에 여기까지 왔사오니 말씀으로

책임져주시옵소서.

저 하늘에 보화를 쌓게 하시고 더 큰 천국집을 영으로 짓게 하여

주시니, 나라를 다스리는 성과 같이 지어주실 줄을 믿습니다.

내 마음으로 주님을 더 사랑하기를 원합니다.

내 시간으로 주님을 더 사랑하기를 원합니다.

내 재능으로 주님을 더 사랑하기를 원합니다.

내 삶으로 주님을 더 사랑하기를 원합니다.

기도할 때 나와 가까이 하시는 하나님.

기도할 때 나와 호흡하시는 하나님.

기도할 때 나와 동행하시는 하나님을 사랑합니다.

지금 현재만이 하나님의 때가 되고 하나님의 때가 기도로

이루어지고 있음을 믿습니다.

죽도록 기도하고 죽도록 충성하게 하여 주시옵소서.

날마다 기도하고 날마다 충성하게 하여 주시옵소서.

쉼 없이 기도하고 쉼 없이 충성하게 하여 주시옵소서.

마음으로 기도하고 마음으로 충성하게 하여 주시옵소서.

자면서도 기도하고 꿈속에서도 죄를 버리고 의를 행하게 하여

주시옵소서.

복음을 위해 기도하고 복음을 위해 충성하게 하여 주시옵소서.

하나님의 의를 위해 기도하고 하나님의 의를 위해 충성하게 하여
주시옵소서.

무조건 기도하고 범사에 감사하게 하여 주시옵소서.
기도하면 실망의 틈을 주지 않습니다.
기도하면 슬픔의 틈을 주지 않습니다.
기도하면 좌절의 틈을 주지 않습니다.
항상 기도하고 항상 기뻐하여 마귀에게 틈을 주지 않게 하여
주시옵소서.
하나님, 이제부터는 기도를 더 해야 되겠습니다.
하나님께 기도의 무게를 산과 같이 실어주시기를 간절히
간구하여 요청드립니다.
기도의 영역을 이전보다 백배나 넓혀주셔서 하늘의 영권을
갑절이나 부여 받아 더 온전하고 완전하게 나아가길 원합니다.

이제부터는 모든 것을 다 내려놓고 언제 어디서나 기도에
매달려서 하나님과의 교제 시간이 더 많아져야 하겠습니다.
하나님, 내 불완전한 생각과 마음을 기도로 잡아주시고
강력한 기도의 권능을 덧입혀 주시옵소서.
이제는 마음의 무릎을 항상 꿇으며 하나님과 기도 가운데 완전히

하나되는 삶을 살게 하여 주시옵소서.

강력한 기도의 제사장이 되어 하늘의 덮개를 뚫어버리고 보좌 앞
불의 제단에 온전히 부어지게 하여 주시옵소서.

성령께서 붙드시는 기도의 광채를 내려 주시옵소서.

주께서 기도의 권능을 입혀주시옵소서.

주님께서 맡겨주신 모든 일을 능히 감당하고 지금보다 더
많은 십자가를 지고 간다고 하여도 기도하는 힘만 주어진다면
웃으면서 거뜬히 나아갈 수 있겠습니다.

지금보다 더 많은 십자가의 무게가 생길지라도 기쁨과 감사가
넘칠 수 있는 기도의 힘을 허락하여 주시옵소서.

예수님은 네가 보지 않고 믿을 때에 그 믿음이 더욱 아름답다고
말씀하셨습니다.

예수님의 이름을 위하여 내 것을 포기하고 예수님의 이름으로 내
것을 내려놓으면 화가 나지 않으므로 혈기 부리는 죄를 막을 수
있고 다스릴 수 있습니다.

천국에 있는 나의 행위책이 내 심령의 상태에 따라 빛이 바뀌는
것을 기억하고 살게 하여 주시옵소서.

이 땅에서 사는 동안 모든 사람을 섬김의 대상으로 생각하고 살게
하여 주시옵소서.

받으면 상급이 없지만 섬기면 하늘의 상급이 있습니다.

섬김의 상급이 천국에서 큰 자로 만들어줍니다.

예수님께서도 영광의 보좌를 버리시고 사람들을 죽기까지

섬기려고 세상에 오셨습니다.

오늘도 예수님의 눈으로 모든 것을 온전히 바라보는 하루가 되게

하여 주시옵소서.

예수님의 모습이 어떤 사람의 모습으로 오실지를 생각하며

신중하게 말하고 겸손하게 행동할 수 있도록 도와주시옵소서.

말과 행동이 나를 힘들게 한 무례한 사람이어도 신중하게

생각하고 겸손한 마음으로 섬기게 하여 주시옵소서.

성령님 성령님 내 마음에 불기둥이 되어 주시옵소서.

성령님 성령님 내 마음에 구름기둥이 되어 주시옵소서.

머리부터 발끝까지 성령의 불이 임하여 주시옵소서.

내 입에서 선포되는 하나님의 말씀이 승리의 영이 되게 하여

주시옵소서.

기도하는 것이 하나님을 붙드는 것입니다.

예수님의 거룩한 성품을 주시옵소서.

내 마음이 가난한 성품이 되게 하여 주옵시고 마음이 청결하고

깨끗한 성품을 주시옵소서.

예수님의 온유하고 겸손한 성품을 주시옵소서.

예수님의 화평한 성품을 주시고 친절한 성품을 주시옵소서.

오래참고 끝까지 인내하는 오래참음의 성품을 주시옵소서.

내게 맡겨진 일에 최선을 다하는 충성스러운 성품을 주시옵소서.

상대방의 잘못과 허물을 가려주는 용서하는 성품을 주시옵소서.

내 마음을 성령으로 통제하는 절제하는 성품을 주시옵소서.

주변 사람들에게 하나님의 선을 실천하는 선량한 성품을
주시옵소서.

부활하신 예수님을 생각하고 이제 곧 나를 데리러 오실 예수님을
기다리며 기뻐하는 기쁨의 성품을 주시옵소서.

주변 사람들을 사랑하되 끝까지 사랑하게 하여 주옵시고 모든
영혼을 그리스도의 마음으로 품어주는 사랑하는 성품을 이루어
주시옵소서.

예수님의 사랑이 나의 사랑이 되고 예수님의 용서가 나의 용서가
되어 희생의 십자가가 이 땅에서 가장 아름다운 모습으로
완성되도록 도와주시옵소서.

오늘도 그리스도 안에서 살며 그리스도의 모습으로 행하게 하여
주옵시고 이 모든 기도를 십자가의 사랑을 허락해 주신 우리 주
예수 그리스도의 이름으로 기도합니다. 아멘.

천사가 내게 말하기를 기록하라 어린 양의 혼인 잔치에 청함을 받은
자들은 복이 있도다 이것은 하나님의 참되신 말씀이라

계 19:9

빛의 열매는 모든 착함과 의로움과 진실함에 있느니라

엡 5:9

유리같은 정금 기도

———— ♛ ————

그 열두 문은 열두 진주니 각 문마다 한 개의 진주로 되어 있고
성의 길은 맑은 유리 같은 정금이더라 계 21:21

하나님 이 기도가 하나님 앞에 유리처럼 맑은 정금과 같은

기도가 되기를 원합니다.

나의 심령에 예수님의 보혈을 뿌리고 바르고 덮습니다.

예수님의 보혈, 예수님의 보혈, 예수님의 피, 예수님의 피.

예수님의 피를 뿌리고 바르고 마십니다.

맑고 깨끗한 심령이 되게 하여 주시옵소서.

나의 깨끗해진 속사람이 정금길을 걷게 하여 주시옵소서.

성령을 믿음으로 마십니다.

생명수가 되게 하여 주시옵소서.

성령의 불이 불이 불이 불이 불이 임하여 주시옵소서.

성령의 불로 불로 불로 불로 불로 임하여 주시옵소서.

성령과 보혈을 믿음으로 마십니다.

나의 믿음이 정금과 같이 깨끗하고 빛나게 하여 주시옵소서.

주님을 위해 기도로 섬기는 하나님의 기쁨이 되기를 원합니다.

기도하기를 쉬지 않게 하여 주시옵소서.

기도하여 하나님을 영화롭게 섬기기를 원합니다.

기도하는 시간이 가장 기쁜 시간이 되게 하여 주시옵소서.

그러므로 기도는 기대하는 기쁨임을 고백합니다.

나의 기도를 통하여 전 세계에 있는 영혼들을 구원하시고

하나님께서 일하실 것을 믿게 하시니 감사한 마음으로

기도합니다.

주 안에서 나를 깨끗하게 유지하여 더 많은 열매를 맺게 하여

주시옵소서.

내가 주님 안에 주님이 내 안에 계시니

온전히 하나되는 상급자가 됩니다.

그의 나라와 의를 위하여 예수님과 하나가 되는 거룩한 직무를

수행하게 하여 주시옵소서.

예수님의 생각이 내 생각이 되게 하여 주시옵소서.

예수님의 마음이 내 마음이 되게 하여 주시옵소서.

예수님의 귀가 내 귀가 되게 하여 주시옵소서.

예수님의 입술이 내 입술이 되게 하여 주시옵소서.

예수님의 손과 발이 내 손과 발이 되게 하여 주시옵소서.

예수님의 발걸음이 내 발걸음이 되게 하여 주시옵소서.

예수님의 시선에 나의 눈이 향하게 하여 주시옵소서.

예수님이 원하시는 곳에 나도 있게 하여 주시옵소서.

예수님과 내가 하나가 되는 말씀의 옷을 입혀 주시옵소서.

예수님의 말씀으로 살아가기를 원합니다.

예수님의 겸손으로 살아가기를 원합니다.

예수님의 온유로 살아가기를 원합니다.

예수님의 의가 내 생각과 마음을 다스리게 하여 주시옵소서.

예수님의 뜻이 내 생각과 마음을 지배하게 하여 주시옵소서.

예수님 예수님 나의 주님, 내 생각과 마음이 주님으로 가득 차게
하여 주시옵소서.

내 생각과 마음이 주님의 보혈로 넘치게 하여 주시옵소서.

내 생각과 마음이 주님의 십자가에만 있게 하여 주시옵소서.

그리하여 겸손하고 겸손하고 또 겸손하게 하여 주시옵소서.

겸손과 낮아짐이 섬김의 예배가 되기를 원합니다.

내가 주님 안에 사랑으로 들어갑니다.

주님도 내 안에 사랑으로 오시옵소서.

주님과 내가 온전한 하나를 이루어 하나님이 원하시는 의를
이루고 천국 복음을 전하게 하여 주시옵소서.

예수님과 내가 완전한 하나가 되어 무엇이든지 원하는 대로
기도하면 하나님의 뜻대로 이루어지게 하여 주시옵소서.
예수님의 선하신 뜻이 내 심중에 중심이 되어 기도합니다.

내 안에 죄를 가지치기하여 하나님께서 원하시는 천국의 열매를
더 풍성히 맺게 하여 주시옵소서.
말씀의 검으로 쾌락의 가지치기를 하게 하여 주시옵소서.
자기중심적인 생각을 버리게 하여 주시옵소서.
과거의 상처 된 가지치기를 할 수 있도록 도와주시옵소서.
나의 고집과 교만을 가지치기하여 더욱 낮아지게 하여
주시옵소서.
내가 누릴 수 있는 특권을 과감하게 가지를 치겠습니다.
버리고 내려놓고 가지를 친 만큼 하나님이 주실 수 있는 가장
최고의 것으로 채워 주시옵소서.

주님이 나를 살리셨고 여기까지 이끄셨으니 내가 하는 모든 것은
다 주님이 하셨음을 믿습니다.
예수님의 보혈을 의지하여 보좌 옆으로 나아가 주님과 가장
가까운 곳에서 찬양과 경배를 드리게 하여 주시옵소서.
보좌로부터 성령을 부어 주시옵소서.

보좌로부터 사랑을 공급하여 주시옵소서.

보좌로부터 기쁨과 감사를 내려 주시옵소서.

하늘의 것을 받아 끝까지 배려하고 섬기는 모습으로 살기를
원합니다.

하나님, 나의 생각을 지키고 마음을 지키고 입술을 지키고 살게
하여 주시옵소서.

살든지 죽든지 오직 예수님만으로 살기를 원합니다.

거룩함에 흠 없는 자로 살기를 간청합니다.

온전함에 흠 없는 자로 살게 해주시옵소서.

정직함에 흠 없는 자로 살게 해주시옵소서.

하나님의 뜻은 나의 거룩함임을 믿습니다.

하나님이 나를 부르신 것은 거룩함을 이루기 위함임을 믿습니다.

그러므로 거룩을 무너뜨리는 사역의 영에게 속아 영의 것을
빼앗기지 않게 하여 주시옵소서.

하나님은 속는 자들도 악하다고 말씀하셨습니다.

성령 안에서 항상 기도로 깨어있게 도와주시옵소서.

성령의 불권을 주셔서 모든 거짓의 죄를 다 태워주시옵소서.

보혈의 능력을 주셔서 모든 죄를 다 녹여버리게 하여 주시옵소서.

하늘의 문을 열어주시옵소서.

기도의 문을 열어주시옵소서.

겸손의 문을 열어주시옵소서.

하나님, 내 질병이 하나님 앞에 거룩을 이루는 주님의 선물이

되게 하여 주시옵소서.

나에게 있는 아픈 질병이 가시가 되어 사람들을 찌르는 것이

아니라 내 영과 몸을 거룩하게 만드는 경건의 도구가 되게 하여

주시옵소서.

사람들이 인정해주는 의를 원하지 않습니다.

스스로 속아 만족하는 의를 원하지 않습니다.

진정 하나님께서 인정해주시는 살아있고 영원한 의를 원합니다.

썩지 않고 쇠하지 않는 하나님의 의로 살아가기를 간구합니다.

말세에 하나님이 전 세계에 있는 모든 영혼들에게 하나님의 영을

부어 주신다고 말씀하셨습니다.

모든 사람들의 심령에 성령을 부어 주셔서 스스로 죄인임을

깨닫고 주님 앞에 나와 회개하게 하여 주시옵소서.

전 세계에 있는 모든 사람들의 영혼을 성령의 진동으로 흔들어

깨워주시옵소서.

심령을 지으신 하나님이 그들의 마음에 살아계신 하나님의

음성으로 말씀하여 주시옵소서.

음성으로 말씀하여 주시옵소서.

바람을 통하여 말씀하여 주시옵소서.

구름을 통하여 말씀하여 주시옵소서.

하늘을 통하여 말씀해주시옵소서.

모든 만물이 하나님의 말씀을 대신하는 복음의 소리가 되게 하여
주시옵소서.

모든 인류를 망하게 만드는 죄를 성령의 불을 다 소멸시켜
주시옵고 모든 영혼들을 위해 중보기도를 하는 제사장의 직무를
주의 은혜로 감당하게 도와주시옵소서.

내 양심과 영혼을 망하게 만드는 죄와 싸워 항상 기도 가운데
내 양심과 영혼을 지키게 하여 주시옵소서.

지금도 이름도 빛도 없이 전 세계에 흩어져서 주의 복음을 등에
지고 선교하시는 분을 위하여 기도합니다.

들꽃도 입히시고 날아다니는 새도 먹이시는 하나님이 선교사들의
옷과 양식이 되어주셔서 그들의 마음에 힘이 되어주시고 그들의
앞날을 소망으로 이끌어 주시옵소서.

주께서 주시는 평안과 천상의 기쁨을 가지고 있는 자리에서 주의
복음을 힘차게 전하게 하여 주시옵소서.

그들의 가족도 주께서 책임져주시고 항상 기도와 간구로 모든

필요한 것을 하늘로부터 공급받게 하여 주시옵소서.

실망하거나 낙심하지 않게 도와주시고 그들의 마음에 기쁨의

샘물이 감사로 흘러나오게 하여 예수님의 복음이 땅끝까지

전해지게 은혜를 내려 주시옵소서.

복음으로 살고 복음으로 죽는 믿음을 주시옵소서.

복음에 살고 복음에 전부를 걸어 하나님의 의를 온전히 이루게

하여 주시옵소서.

사랑으로 살고 사랑을 위하여 죽는 자가 되게 하여 주시옵소서.

믿음으로 살고 믿음을 위하여 죽는 자가 되게 하여 주시옵소서.

거룩으로 살고 거룩을 위하여 죽는 자가 되게 하여 주시옵소서.

겸손으로 살고 겸손을 위하여 내 주장을 내려놓게 하여

주시옵소서.

말씀으로 살고 말씀을 위해 나를 포기하게 하여 주시옵소서.

성령으로 살고 성령을 위해 나를 내려놓게 하여 주시옵소서.

말씀과 복음을 위하여 내 시간을 쓰게 해주시옵소서.

예수님의 은혜와 성령님의 임재를 위해 살기를 원합니다.

말씀과 복음이 나와 한 몸이 되기를 소망합니다.

하나님의 영이 나와 온전히 하나가 되게 하여 주시옵소서.

하나님의 말씀은 살아있고 내 마음의 뜻과 생각을 판단하십니다.

내 심령이 일점일획도 속임이 없게 하여 주시옵소서.

다시 한번 사랑으로 사랑으로 거듭나게 하여 주시옵소서.

다시 한번 성령으로 성령으로 거듭나게 하여 주시옵소서.

온전히 말씀과 하나가 되어 순종하기를 원합니다.

예수님의 능력으로 생명과 경건에 속한 모든 것을 나에게

주시옵소서.

내 마음을 조사해 보았을 때 그리스도를 향한 사랑밖에는 찾을

것이 없게 하여 주시옵소서.

성령 안에서 온전함을 원합니다.

보혈 안에서 깨끗함을 원합니다.

말씀 안에서 순전함을 원합니다.

주 안에서 완전함을 원합니다.

더 진실하지 못한 죄를 용서하여 주시옵소서.

더 정직하지 못한 죄를 용서하여 주시옵소서.

더 겸손하지 못한 죄를 용서하여 주시옵소서.

더 온유하지 못한 죄를 용서하여 주시옵소서.

더 감사하지 못한 죄를 용서하여 주시옵소서.

더 거룩하지 못한 죄를 용서하여 주시옵소서.

더 절제하지 못한 죄를 용서하여 주시옵소서.

더 인내하지 못한 죄를 용서하여 주시옵소서.

더 순종하지 못한 죄는 후회만 남게 될 뿐입니다.

더 충성하지 못한 죄는 후회만 남게 될 뿐입니다.

더 기도하지 않은 죄는 가장 큰 후회만 남게 될 것입니다.

기도하지 않으면 어떤 것도 온전하게 이루어 낼 수 없습니다.

기도의 기름이 마르지 않게 하여 주시옵소서.

기도하면 성령의 기름이 충만하게 채워집니다.

기도하면 성령의 기름이 넘쳐 흘러 생명이 됩니다.

기도하지 않아서 나오는 죄가 있습니다.

감정에 반응한 죄를 용서하여 주시옵소서.

생각에 반응한 죄를 용서하여 주시옵소서.

상처에 반응한 죄를 용서하여 주시옵소서.

교만에 반응하면 내 안에 교만한 죄가 있는 것을 알게 됩니다.

자랑에 반응하면 내 안에 자랑의 죄가 있는 것을 알게 됩니다.

욕심에 반응하면 내 안에 정욕의 죄가 있는 것을 알게
되었습니다.

이성에 반응하면 내 안에 음란한 죄가 있는 것을 알게

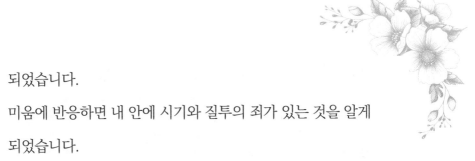

되었습니다.

미움에 반응하면 내 안에 시기와 질투의 죄가 있는 것을 알게
되었습니다.

기도를 게을리 하여 다른 사람의 말과 행동에 반응한 죄를 용서해
주시옵소서.

사람들에게 좀 더 온유하고 부드럽게 대응하지 못한 죄를 사하여
주시옵소서.

예수님의 이름으로 명하노니 전 세계에 있는 모든 사람들의
영혼에 피뿌림이 임하게 될지어다.

이 시간 예수님의 이름으로 명하노니 전 세계에 있는 모든
사람들의 심령에 성령의 불이 임하게 될지어다.

이 시간 예수 그리스도의 이름으로 명하노니 하나님의 말씀이
모든 영혼들의 심령에 심겨질지어다.

전 세계에 있는 모든 사람들이 살아계신 예수님의 음성을 듣게
하여 주시옵소서.

땅 위에 있는 모든 사람들이 성령의 음성을 듣게 하여
주시옵소서.

창조주의 음성이 그들의 심령에 울리고 퍼져서 그들의 영혼이
깨어나기를 간구합니다.

사람 안에 심령을 지으신 하나님이 내 기도를 통하여 땅에 있는
사람들에게 예수님의 십자가와 부활의 복음을 전해주시옵소서.
지나가는 사람들의 영혼을 위하여 기도할 때 이 기도를 통하여서
저들을 천국으로 인도하여 주시옵소서.
나의 기도를 통하여서 지나가는 사람들의 심령에 울림을 줄 수
있는 예수님의 복음이 전해지게 도와주시옵소서.

내 마음이 예수님의 마음이 되기를 원합니다.
내 생각이 예수님의 생각이 되기를 간구합니다.
내 눈이 예수님의 눈이 되어 보게 하여 주시옵소서.
내 귀가 예수님의 귀가 되어 듣게 하여 주시옵소서.
내 손과 발이 예수님의 손과 발이 되어 낮은 곳에서 섬기게 하여
주시옵소서.
나의 삶이 예수님의 삶이 되기를 간청합니다.
내 입술이 예수님의 겸손과 온유한 입술이 되게 하여 주시옵소서.
예수님과 온전히 하나가 되게 하여 주시옵소서.

성령께서 내 마음을 잡아주시옵소서.
왕권자의 자격을 허락하여 주시옵소서.
제사장이 올려 드리는 기도의 영권을 내려 주시옵소서.

모든 죄를 다스리고 이기고 던져 버릴 수 있는 기도의 권능을
허락해 주시옵소서.

아버지 하나님, 제가 모든 죄에 욱여쌈을 당한다고 할지라도
왕권자의 권능을 주셔서 이 모든 죄를 한꺼번에 뒤집어엎을 수
있는 성령의 불권을 허락하여 주시옵소서.

하나님이 내 감정의 주인이십니다.

그러므로 화가 나는 상황에서도 나는 화를 낼 수가 없습니다.

화나는 상황에서도 하나님을 생각하고 성내지 않는 것은 내
감정의 주인이신 성령께 순종하는 것임을 믿습니다.

하나님을 사랑한다고 하면서 죄 가운데 있지 않게 해주시옵소서.

죄로 인해 상한 기분을 갖지 않기를 원합니다.

상한 감정을 갖는 것은 마귀에게 죄의 틈을 열어주는 것입니다.

기도하면 넘어지지 않습니다.

기도하면 감정이 상하지 않습니다.

기도하면 이 모든 감정의 죄를 이길 수가 있습니다.

기도하면 이 모든 죄를 다스릴 수 있음을 믿습니다.

이 시간 예수님의 이름으로 내 화나는 감정이 죽게 하여
주시옵소서.

이 시간 예수님과 함께 내 분노의 감정이 죽게 하여 주시옵소서.

이 시간 성령의 불로 내 상한 감정이 태워지게 하여 주시옵소서.

예수님 안에서 날마다 죽는 삶을 살기를 원합니다.

성령님의 힘으로 죄를 이기면 예수님의 보혈을 덜 흘리게 할 수
있습니다.

예수님의 보혈을 지켜드릴 수가 있습니다.

상황과 조건이 맞지 않아도 죄를 다스리고 이기게 하여
주시옵소서.

죄지을 상황에서 죄를 짓는다면 믿음이 작은 자입니다.

상황과 조건을 넘어서는 자가 큰 믿음을 가진 자임을 믿습니다.

내 마음속에 있는 욕심의 백성, 억울함의 백성, 분노의 백성,

혈기의 백성, 원통함의 백성, 상처받은 백성들이 많습니다.

이 모든 백성을 성령의 능력으로 다스려서 하나님 앞에 왕권자의
자격을 얻게 하여 주시옵소서.

지금부터 다스릴 수 있는 능력을 주시옵소서.

지금부터 다스릴 수 있는 권세과 힘을 더하여 주시옵소서.

아버지, 내 모습이 예수님의 인자하신 모습이 되게 하여
주시옵소서.

아버지 하나님, 나의 입술이 예수님의 온유하신 입술이 되게 하여 주시옵소서.

아버지 하나님, 나의 귀가 예수님의 선한 귀가 되게 하여 주시옵소서.

하나님~ 나의 마음과 심령이 예수님의 마음과 심령이 되기를 간구합니다.

나의 발걸음이 예수님의 발걸음이 되고 나의 손과 발이 예수님의 따뜻한 섬김의 손과 발이 되기를 원합니다.

예수님과 온전히 하나가 되는 기도가 되기를 사모합니다.

하나님의 계획과 완전히 하나가 되는 생각을 주시옵소서.

하나님의 마음과 완전히 하나 되는 마음을 주시옵소서.

하나님의 뜻과 완전히 하나 되는 마음을 주시옵소서.

하나님의 손과 완전히 하나 되는 마음을 주시옵소서.

하나님의 발과 완전히 하나 되는 마음을 주시옵소서.

하나님의 말씀과 완전히 하나 되는 삶을 주시옵소서.

내 모든 생각과 마음과 입술이 하나님 앞에 완전히 합한 자가 되어 온전한 심령으로 살기를 원하고 원합니다.

하나님, 회개하는 기쁨을 주시옵소서.

하나님, 회개하는 능력을 덧입혀 주시옵소서.

더욱더 죄를 세밀하게 보고 이 죄를 다 저버릴 수 있는 능력을
허락해 주시옵소서.
하나님의 마음을 헤아리는 기도를 하게 해주시옵소서.
하나님이 원하시는 입술을 갖기를 원합니다.
하나님의 마음을 헤아리는 심령을 주시옵소서.
그리하여서 하나님을 슬프게 하지 않게 해주시옵소서.

하나님, 나의 다듬어지지 않은 인격을 용서하여 주시옵소서.
나의 다듬어지지 않은 마음을 용서하여 주시옵소서.
나의 다듬어지지 않은 생각을 용서하여 주시옵소서.
나의 다듬어지지 않은 행동을 용서해 주시옵소서.
하나님, 나의 다듬어지지 않은 입술을 용서해 주시옵소서.
나의 다듬어지지 않은 삶으로 하나님을 슬프게 만든 죄가 너무나
많습니다.
하나님 앞에서 함부로 입을 열지 말고 급한 마음으로 말을 하지
않기를 원합니다.
내 입으로 내 몸이 범죄하지 않게 하여 주시옵소서.
높은 자는 더 높은 자가 감찰하고 그들보다 더 높은 자들도
있사오니 항상 성령으로 겸손한 마음으로 살게 하여 주시옵소서.

은을 사랑하는 자는 은으로 만족하지 못하고 풍요를 사랑하는
자는 소득으로 만족하지 못합니다.

나는 오직 여호와로 만족하고 예수님이 나의 전부임을 크게
선포합니다.

겸손한 노동을 하여 잠을 달게 자게 하시고 부자의 부요함 때문에
근심하지 않도록 무소유의 마음으로 살게 해주시옵소서.

빈손으로 나왔은즉 수고하여 얻은 것을 아무것도 내 손에 가지고
가지 못함을 기억하여 나누고 베풀고 흘려보내는 성품으로 살게
하여 주시옵소서.

의인은 아끼지 아니하고 베푸는 삶을 살아갑니다.

종일토록 탐하기만 하는 어리석은 자가 되지 않게 해주시옵소서.

스스로 삼가 내가 일한 것을 잃지 않는 겸손으로 오직 온전한
상을 받기를 원합니다.

예수님의 복음이 내 주변 사람들에게까지 전해지게 하여
주시옵소서.

그래서 하나님의 살아계심을 두려워하여서 이 복음을 거저
받았으니 거저 주는 아름답고 온전한 복음이 되게 하여
주시옵소서.

하나님, 그러기 위해서는 제가 희생의 십자가를 져야 합니다.

압박감의 십자가를 져야 합니다.

섬김의 십자가를 져야 합니다.

눈물의 십자가를 져야 합니다.

외로움의 십자가를 우리 주님을 생각하며

감사한 마음으로 지고 따르도록 힘을 주시옵소서.

예수 그리스도의 이름으로 감당할 수 있게 도와주시옵소서.

성령님이 중심이 되어 기도합니다.

예수님이 중심이 되어 기도합니다.

말씀이 주인 되어 기도합니다.

믿음으로 살아가게 해주시옵소서.

소망으로 살아가게 해주시옵소서.

말씀으로 살아가게 도와주시옵소서.

성령으로 살아가기를 원합니다.

믿음을 가지고 믿음을 이루게 하여 주시옵소서.

소망을 가지고 소망을 이루게 하여 주시옵소서.

말씀을 기도로 품어 하나님의 말씀을 온전히 이루게 하여

주시옵소서.

말씀을 순종으로 행하여 하나님의 복음을 온전히 전하게

도와주시옵소서.

의인이 넘어지면 겸손의 시작이요 그 자리에서 거룩한 예배가
시작됩니다.

내 거룩한 소망이 이루어질 것을 믿고 손을 들어 기도합니다.

내가 싫어하는 말도 감사로 받으면 그 말은 나에게 생명이 될 수
있음을 믿습니다.

지금까지 하나님 앞에 여쭤보지도 않고 내 임의대로 행하여
뿌리째 뽑혀질 내 열심으로 살아온 어리석은 죄를 용서해
주시옵소서.

이제부터는 하나님이 직접 심어주시옵소서.

속으로 사람들을 판단하고 눈으로 음란했고 남을 속이고
미워했던 모든 죄들을 예수님의 보혈로 용서해 주시옵소서.

이것을 회개하는 것으로 끝나는 것이 아니라 반드시 회개의
열매를 맺어서 내 마음을 예수님의 온유와 겸손으로 기경할 수
있도록 도와주시옵소서.

세상 욕심에 빠지지 않게 하여 주시옵소서.

자기 생각에 빠지지 않게 하여 주시옵소서.

자기의를 깊은 바다에 던져 넣게 하여 주시옵소서.

그러나 하나님의 말씀에는 깊이 빠져 살게 해주시옵소서.

예수 그리스도의 이름으로 명령하노니 모든 혈기의 뿌리는
송두리째 뽑혀질지어다.
모든 상처의 뿌리는 송두리째 뽑혀질지어다.

내 입술이 정직을 말하면 내 속이 유쾌해집니다.
내 입술을 열어 정직을 말하면 내가 가장 선한 것을 말하게 되는
것입니다.
마음의 정결을 사모하는 자의 입술에는 덕이 있으므로 왕이신
예수님이 나의 친구가 되어주십니다.
하나님, 사람들을 대할 때 나의 말이 입술의 칼이 아닌 입술의
샘물이 되게 해주시옵소서.
입술의 비난이 아닌 입술의 위로가 되기를 원합니다.
입술의 지적이 아닌 입술의 사랑이 되게 하여 주시옵소서.
입술의 자랑이 아닌 입술의 겸손이 되게 해주시옵소서.

오늘도 하나님 앞에 기도의 무게를 가져서 믿음의 무게, 소망의
무게, 사랑의 무게를 온전히 이루기를 원합니다.
고난의 떡도 믿음으로 먹으면 생명의 양식이 될 수 있음을
믿습니다.
하나님, 나를 십자가에 못 박아서 죄에 대하여서는 완전히 죽게

해주시옵소서.

십자가에 내려오지 못하도록 말씀의 못을 완전히 박아

주시옵소서.

내가 스스로 염려하여 믿음을 갉아먹은 죄를 용서해 주시옵소서.

내가 의심하여서 믿음을 작게 만든 죄를 용서해 주시옵소서.

하나님, 내가 양심을 지키지 못해서 온전한 믿음으로 만들지 못한

죄를 사하여 주시옵소서.

내 모든 삶을 믿음으로 결부시키지 않은 죄가 있습니다.

이제부터는 하나님 앞에 의심하지 않고 염려하지 않아서 더 큰

믿음을 만들기를 원합니다.

착한 양심을 만들어서 온전한 믿음으로 거듭나도록

도와주시옵소서.

모든 일을 믿음으로 결부시켜 더 큰 믿음을 만들 수 있도록

은혜를 내려 주시옵소서.

하나님 앞에 내 행위의 온전함을 갖고 살기를 원합니다.

나를 위해 가난하게 되신 예수님을 존경하고 사랑합니다.

인류를 지옥가게 만드는 죄와 싸우고 땅에 있는 사람들을

위해 중보기도를 올리는 제사장의 직무를 끝까지 완주하게

도와주시옵소서.

십자가에서 나의 죄를 단번에 사하여 주시고 영혼을 사랑하는
마음을 주신 예수님의 이름으로 간절히 기도합니다. 아멘.

내 영혼을 소생시키시고 자기 이름을 위하여 의의 길로 인도하시는도다

시 23:3

하나님이 받으시는 아름다운 기도

기록된 바 아름답도다

좋은 소식을 전하는 자들의 발이여 롬 10:15

주여 내 영혼이 주를 우러러보오니 내 영혼을 기쁘게 하여
주시옵소서.

내가 기도할 때에 주의 임재가 내 영혼을 즐겁게 만들어
주십니다.

내가 여호와의 이름으로 기도하기를 사람에게 백 번 인정받는
것보다 하나님께 한 번 인정 받기를 더욱 사모합니다.

내 영혼이 주 안에서 살게 하여 주시옵소서.

예수님의 보혈을 내 속사람이 먹습니다.

예수님의 보혈 보혈 보혈 보혈을 믿습니다.

예수님의 보혈이 생명수가 되게 하여 주시옵소서.

예수님의 살을 믿음으로 먹습니다.

내 속사람이 더욱 강건해집니다.

성령을 믿음으로 마십니다.

내 배에서 생수의 강이 흘러 넘치게 하여 주시옵소서.
예수님의 보혈과 성령의 생수는 내 속사람이 먹고 마십니다.

주께서 나와 함께 하시니 나를 지켜 모든 환난을 면하게 하시고
의의 길로 인도해 주셨습니다.
하나님이 주시는 지혜가 내 마음에 들어가고 하나님의 말씀이 내
길 위에 진리가 되기를 간구합니다.
악을 떠나는 것이 제가 가야 할 정직한 대로이고 나의 마음을
지키는 것이 곧 내 영혼을 보전하는 길임을 믿습니다.
모든 만민이 다 주께 나와 주를 찬양하기를 원하시는 하나님,
땅에 있는 영혼들을 위하여 이 시간 주의 마음을 담아 영으로서
중보합니다.
심령을 지으신 하나님이 85억의 사람들에게 살아계신 하나님의
음성으로 말씀해 주시옵소서.

하나님께서 솔로몬이 천번제를 드린 후 소원이 무엇이냐고
물어보셨습니다.
하나님 나에게도 기도와 꿈과 환상을 통하여 네 소원이
무엇이냐고 물어봐 주시옵소서.

기도의 생수

그리하시면 제가 가지고 있는 불의의 재물을 생명의 말씀으로
살아내어 의의 재물로 바꾸어 드리기를 원합니다.
솔로몬의 천번제보다 더 귀한 마음을 하늘의 옥합에 담아 온
마음과 정성을 다해 하나님께 올려 드립니다.
제가 드릴 수 있는 최선의 것을 영의 기도로써 우리 주님을
영화롭게 하기를 원합니다.
나에게도 소원이 진정 무엇이냐고 말씀하신다면, 내 소원은 "오직
예수 그리스도의 십자가 보혈과 부활의 복음이 전 세계에 있는
85억의 사람들에게 전해지기를 원합니다."라고 아뢰고 싶습니다.

그들의 심령에 하나님의 말씀이 살아있는 확성기가 되어 "나는
창조주 하나님이라" 이 말씀 한 마디만 말씀해주시옵소서.
전 세계에 있는 85억의 영혼들을 다 구원하여 주의 품으로
이끌어 주시옵소서.
천국은 모든 인구가 구원을 받아 입성하여도 충분히 넓고 충분한
장소가 되지 않겠습니까.
부디, 동시대에 살고 있는 모든 사람들의 영혼을 그리스도의
보혈로 다 구원 받을 수 있도록 은혜를 베풀어 주시옵소서.
성령의 의지하여 믿고 간구하는 기도는 그대로 이루어 주실 것을
믿습니다. 믿습니다. 믿습니다!

주기철 목사님은 교도소에서 회색 옷 한 벌을 입고 믿음의 정절을
지켜 하늘의 왕권자 반열에 오르셨습니다.
저에게도 주목사님의 검소함과 믿음의 정절을 허락해
주시옵소서.
그러기 위해서는 보좌로부터 임하는 기도의 영권을 받아야
하겠습니다.
제가 할 수 없는 모든 일들을 기도하면 주 안에서 뜻하신 바대로
이루어 주실 것이 믿어지기 때문입니다.
영으로써 기도하면 하나님이 영광을 받으시고 하나님의
살아계심을 나타내시는 일이 됨을 믿습니다.

저는 바쁠 때에 더 기도하겠습니다.
제가 하는 일이 바쁠수 있으니까 더 기도의 무릎을 꿇겠습니다.
바쁠수록 더 기도하고 시간이 없을 때 더 하나님을 찾고 일하는
중에도 영의 기도를 올려 드리겠습니다.
기도할수록 기도의 무게가 더욱 커지게 도와주시옵소서.
기도를 많이 하면 할수록 기도의 능력을 갑절이나 허락하여
주시고 하늘의 영광은 더 크고 넓어지게 하여 주시옵소서.
기도하면 내 안에 있는 분노를 하나님의 의로 바꿔 드릴 수
있습니다.

저는 어떻게든 하나님을 거룩 가운데 더 온전히 예배하기만을
원합니다.

그러기 위해서는 제 생각 속에 감추인 죄의 흔적들을 용서해
주시옵소서.

마음속에 숨겨진 죄가 있습니다.

하루에도 몇 번씩 마음에서 일어나는 수많은 죄들을 주께서
보혈의 피로 해독하여 주시옵소서.

사람으로서는 할 수 없으나 우리 하나님께로서는 불가능한 것이
없음을 믿습니다.

내 기억 속에 묻어 놓은 죄들이 많습니다.

말씀의 곡괭이로 파헤쳐서 모든 죄들이 낱낱이 드러나기를
원합니다.

내 안에 있는 어둠들이 땅에 있을 때에 보혈의 권세로 다 해결
받고 주님 앞에 서기를 간청합니다.

그리하여 무서운 심판대가 아니라 기대되는 상급대가 되기를
사모합니다.

잊어먹은 모든 죄도 보혈의 피로 사하여 주시옵소서.

생각과 마음의 타협을 회개합니다.

입술로 속이고 입술로 타협한 죄악을 회개합니다.

겉으로는 사람들을 통해 나를 드러내고자 하면서도 실상은
자기의를 속으로 숨겨놓은 더 큰 위선이 있습니다.
아니라고 말은 하지만, 그 말 속에 숨겨진 인정받음의 정욕을
용서해 주시옵소서.
"감사합니다."라는 말 속에 숨어있는 은밀한 자기의를
회개합니다.
남을 인정해 주면서도 속으로는 그들의 말과 생각을 판단하고
정죄하고 있던 저를 보게 됩니다.
나만 알고 있는 죄가 드러날까 봐 전전긍긍하는 내 모습을 보고
하나님 앞에 회개합니다. 끝이 오면 모든 것들이 다 하나도
남김없이 드러날 것을 알면서도 어리석게 죄를 감추고 있는 저를
용서해 주시옵소서.

믿음, 그 이상의 믿음이 내 삶의 열매가 되어 하나님 앞에 천국
가는 자의 믿음이 되게 하여 주시옵소서.
기도, 그 이상의 기도가 내 삶이 되어 회개의 열매를 맺고 하나님
앞에 천국 가는 자의 실상이 되게 하여 주시옵소서.
기도는 기도를 하는 나를 더욱 강하게 만들어 줄 것입니다.
믿음은 믿고 행하는 나를 더욱 강하게 만들어 주게 될 것입니다.
사랑은 사랑을 행하는 나를 더욱 굳건하게 만들어 줄 것을

믿습니다.

우리 주 예수 그리스도께서는 살아계신 하나님의 말씀이심을

믿습니다.

그러므로 말씀으로 기도하는 것은 예수님께서 아버지께 직접

간구하신 기도가 될 것입니다.

성령님은 말씀을 통해 일하시고 역사하십니다.

이러므로 말씀으로 기도하는 것은 성령님이 말씀과 연합하여

하나님의 깊은 뜻을 통찰하시고 이루시는 강력한 기도가 될 것을

믿습니다.

기도하지 않으면 한없이 가벼워집니다.

기도하여 믿음과 소망과 사랑의 무게를 더하여 말씀과 하나 되어

일하게 하여 주시옵소서.

이제는 기도가 부족해지면 하나님의 목전에서 죄의 바람에

휩쓸려 죄악에 넘어질까 두렵습니다.

하나님의 말씀이 내 마음에 영광이 됩니다.

하나님의 말씀이 내 심령에 생명이 됩니다.

하나님의 말씀이 내 눈에 한없는 기쁨이 됩니다.

말씀이 영광이 되고 생명이 되어 영원한 기쁨으로 남게 하여

주시옵소서.

예수님을 믿는 것은 내 미래적 권리를 포기하는 것입니다.

돈을 포기하고 세상적 성공을 내려놓는 것입니다.

내 안에 그리스도께서 살고 계십니다.

나보다 악한 죄인은 없음을 알았다면 어떤 일이 있어도 남을

판단하지 않게 도와주시옵소서.

나보다 더 큰 죄인은 없습니다.

나보다 악한 죄인을 만나본 적이 없습니다.

예수님이 주신 용서의 약속을 믿습니다.

주님이 계신 것을 알게 되었사오니 이제 세상은 나에게 아무것도

아니며 아쉽지가 않습니다.

이제부터는 나를 위해 살지 않고 주님과 복음을 위해 살기를

원합니다.

하나님께 가까이 가는 것을 막는 모든 것을 제거합니다.

영원한 것을 얻기 위하여 영원하지 않은 것을 버립니다.

영적인 장애물을 과감히 제거하게 도와주시옵소서.

하나님의 마음을 슬프고 참담하게 만드는 죄를 행하지 않기를

원합니다.

하나님 앞에서 내 모든 죄악이 드러나는 은혜를 주시옵소서.

처참하고 고통스럽고 창피한 죄를 버리게 하여 주시옵소서.

나의 죄 때문에 할 말을 잃으신 하나님의 모습이 심판대 앞에서
고통스러워하고 계신 것을 기억하게 하여 주시옵소서.
모든 말씀들이 하나도 빠짐없이 이루어지고 있음을 인식하여
더욱 두렵고 떨리는 마음으로 구원을 이루게 하여 주시옵소서.

죄를 짓는 자의 마지막은 두려움밖에 없을 것입니다.
하나님을 온전히 경외하고 죄를 버리게 하여 주시옵소서.
회개를 했어도 열매를 맺다 말은 죄된 회개가 되지 않기를
원합니다.
한 가지 죄로 인해 지금까지 하나님 앞에 올려드린 의가 무효가
되지 않게 해주시옵소서.
많은 영혼들을 구하고 자기가 가진 것을 다 나누는 삶을 살았어도
도둑질한 것을 회개하지 못하면 지옥에 가게 됩니다.
나의 한 가지 죄가 하나님 앞에 잘한 모든 선을 덮고도 남는
것을 기억하여 철저하게 회개하고 또 회개하는 은혜를 부어
주시옵소서.
하나님을 두려워하지도 않으면서 믿는 것은 하나님을 무시하고
업신여기는 것입니다.
하나님의 심판대 앞에서는 죄에 대하여 너무나 정확하고 정확할
것입니다.

이 땅에서 내가 무엇을 뿌리든지 다 드러나고 변명할 수가 없을
것입니다.
죄를 짓는 것은 가장 불쌍하고 어리석고 한심한 자가 되는
것입니다.
나 자신이 더 처참한 죄인이라는 것을 잊지 않게 도와주시옵소서.
하나님을 올바르게 두려워하고 회개의 밧줄을 단단히 붙잡고
살기를 원합니다.
억울한 감정 속에서도 죄를 지은 것이 있음을 기억하여 억울한
감정을 예수님의 이름으로 대적할 수 있는 힘을 주시옵소서.
심판대 앞에서 나의 모든 것이 드러나는 것은 지금 당장에 일어날
수 있는 가장 시급한 일이 됩니다.
내 스스로 증인이 되려고 하지 말고 주님이 나의 증인이 되게
하여 주시옵소서.

하나님보다 앞서는 모든 열심은 다 죄입니다.
하나님보다 앞서는 모든 계획은 다 교만입니다.
내 감정이 좁은 길을 방해하지 않게 도와주시옵소서.
믿음은 들음에서 나므로 말씀으로 기도를 선포하여
믿음을 쌓는 기도를 하게 하여 주시옵소서.
주께서 채찍에 맞음으로 내 질병이 나을 수 있음을 믿고

계속해서 기도하게 도와주시옵소서.

내가 말하고 내가 듣고 내가 심는 기도에 능력을 더하여

주시옵소서.

예수 그리스도의 말씀을 말하고 듣고 심게 하여 주시옵소서.

나는 하나님의 뜻을 이루는 자입니다.

내 입술을 붙들고 있는 악한 영들아 예수님의 이름으로 떠나가라.

내 감정을 붙잡고 있는 귀신의 세력들아 예수님의 이름으로

소멸될지어다.

내 생각과 과거의 기억을 붙들고 있는 악한 영들아 예수님의

이름으로 사라져라.

한 영혼을 세상보다 귀하게 여겨서 겸손과 온유로 천국을

만들어가게 하여 주시옵소서.

하나님 편에 서서 생각하고 듣고 말하여 주님의 마음에 합당한

자가 되기를 원합니다.

하나님을 사랑하는 마음이 영혼을 사랑하는 마음이 되기를

원합니다.

믿음으로 살아가는 자가 되어 가난해도 부족하지 않게

도와주시옵소서.

소망으로 살아가는 자가 되어 하나님의 위로가 임하는 은혜를

부어 주시옵소서.

마른 떡 하나에도 감사한 마음으로 화목하게 살기를 원합니다.

이 땅에 살아가는 모든 순간이 예수 그리스도의 거룩한 흔적이

되게 하여 주시옵소서.

주님께서 나의 길이 되어주시고 나의 삶이 되어주시옵소서.

내 모든 기도가 주께서 원하시는 향유 옥합이 되기를 간청합니다.

주님의 옷자락을 만지고 주의 두 발을 씻기며 주님의 발 앞에

엎드리는 겸손한 심령을 주시옵소서.

주를 향한 나의 모든 시간이 우리 주님께 힘이 되기를

사모합니다.

나로 인해 잃어버린 주님의 양들이 돌아오게 하여 주시옵소서.

복음을 전하는 힘으로 마귀를 던져 버릴 수 있는 힘을

주시옵소서.

복음을 전하는 자 앞에서 마귀는 한없이 작아지는 개미도 되지

못합니다.

주님의 발 앞에 엎드려 머리카락으로 발을 닦아 준 여인이 나의

마음입니다.

주님의 옷자락을 떨리는 마음으로 손을 댄 여인이 나의
마음입니다.

지붕을 뚫고 주님 앞에 내려진 중풍병자의 간절함이 나의
목마름입니다.

뽕나무 꼭대기까지 기어서라도 올라간 삭개오의 절실함이 나의
고백입니다.

이제 나는 눈물로 주님의 발 앞에 엎드려 모든 죄를 회개하고
나를 드리게 하여 주시옵소서.

나의 죄를 위하여 죽으신 예수님을 위해 나를 내어 드리는
희생으로 갚으며 살기를 원합니다.

죽기를 각오한 자가 무엇이 두렵겠습니까.

핍박이겠습니까 가난이겠습니까 외로움이겠습니까.

내 영혼이 주를 찾아 더듬어가며 여기까지 왔사오니 이제는
나에게도 하나님의 살아계심을 나타내주시옵소서.

내가 없어진 만큼 천국에서는 가장 최고의 것으로 가득 차게
도와주시옵소서.

내가 가진 것을 나누고 흘려 보내줄 때 천국에서는 상급이 될
것입니다.

가난한 자를 불쌍히 여기는 것은 여호와께 꾸어 드리는
것이라고 말씀하셨사오니 저 천국에서 주의 뜻대로 마음껏 갚아
주시옵소서.
천국 천국 빛나는 천국 나의 본향을 푯대로 살기를 원합니다.
내 머리에 거룩한 면류관을 씌우시며 빛나고 깨끗한 세마포를
입혀 주시옵소서.
하나님께서 허락해 주실 수 있는 하늘의 은혜를 다 내려
주시옵소서.
그 은혜에 합당한 삶을 살게 도와주시옵소서.
그러기 위해서는 기도 기도 기도하는 것을 잊지 않게 은혜를 내려
주시옵소서.

예수님의 신부가 되어 구원의 옷과 의의 겉옷을 입고 보석으로
단장한 삶을 살게 하여 주시옵소서.
항상 회개하게 도와주시고 주님의 말씀에 순종하여 살게 하시며
예수님과 하나가 되는 삶을 살 수 있게 은혜를 덧입혀
주시옵소서.
내가 예수님 안에 거하고 예수님이 내 안에 거하여 예수님의 뜻이
나의 계획이 되게 하여 주시옵소서.
예수님의 도우심으로 세상을 이긴 자가 되기를 원합니다.

예수님이 인정해주시는 왕권자의 옷을 입고 살게 해주시옵소서.

하나님에 의해 뽑히고 뽑힌 최고의 상급자가 되게 하여
주시옵소서.

성령의 기름부음을 받아 거룩하게 구별되어 제사장 직분을 위임
받기를 원합니다.

나를 위하여 사는 것보다 오직 하나님을 기쁘시게 하는 삶으로
살게 해주시옵소서.

하나님만을 섬기고 하나님의 사람들을 겸손히 섬기는 자가
되기를 원합니다.

하늘에 속한 상급자는 이 세상에 속한 땅이나 분깃이 없어도
하늘에 속한 분깃을 소망하며 살아갑니다.

마음과 생각을 깨끗하게 유지하고 세상과 구별된 삶을 살게 하여
주시옵소서.

하늘에 속한자는 죄인들로 하여금 죄를 용서받을 수 있도록
하나님께 인도해주는 삶을 살게 됩니다.

또한 양들을 먹이고 입히고 성령 충만하도록 도와주는 일을 하게
됩니다.

그리고 타인을 위해 중보기도를 하여 기도의 향이 끊이지 않게
힘써 노력합니다.

예수님을 닮은 복음자가 되어 하나님의 사람들에게 말씀을
공급해 주는 축복의 통로로 살게 해주시옵소서.

하나님께 창찬 받는 자가 되어 삶이 예배가 되게 하여 주시고
성령의 기름이 마르지 않아 주변 사람들에게도 나누어 주는 삶을
살게 해주시옵소서.

항상 기도의 불을 밝게 켜놓고 기도의 향이 끊이지 않는 삶으로
말씀을 전하는 하나님의 제사장이 되기를 원합니다.

지금의 반열에서 만족하지 않고 더 주님께 가까이 나아가기를
원합니다.

하늘의 영광과 칭찬의 자격을 얻기 원하여 온전함을 이룰 수
있도록 도와주시옵소서.

하나님이 허락하여 예비된 존귀한 반열을 간절히 소망하며 살고
싶습니다.

예수님을 의지하여 성령의 불을 받아 땅에서 준비하는 삶을 살게
해주시옵소서.

하나님 아버지, 땀으로 얼룩진 희생의 작업복을 벗지 않게
도와주시옵소서.

땀으로 얼룩진 예수님의 세마포는 제사장의 옷임을 믿습니다.

땀 냄새나는 옷을 입고 나를 위해 사는 것이 아니라 하나님이

원하시는 것과 남을 위해 살아갈 수 있는 힘을 더하여

주시옵소서.

세상의 낙을 기뻐하지 않게 도와주시고 하나님의 나라를 위하여

사는 것에 큰 기쁨을 누리게 하여 주시옵소서.

오직 하나님의 명령과 말씀에 순종하는 것을 기쁨으로 알고

살아가게 도와주시옵소서.

예수님과 복음을 위하여 나의 생명을 조금도 아끼지 않게 하여

주시고 하나님의 의와 나라를 위하여 내가 가진 옥합을 기꺼이

내어드리는 삶을 살게 해주시옵소서.

사랑 안에 두려움이 없고 온전한 사랑으로 두려움을 내쫓는다고

말씀하셨습니다.

사랑 사랑 사랑을 더 크게 채워 주시옵소서.

예수님의 십자가와 부활을 소망하며 주의 복음을 항상 전하는

자가 되기를 원합니다.

십일조와 첫 예물 드리기를 잊지 않게 하여 주시고 무엇인가 드릴

것이 많은 삶을 살게 해주시옵소서.

복음자의 직무를 아름답게 수행하여 영혼들이 하나님께 나아갈

수 있도록 돕고 죄 씻음 받을 수 있도록 안내해주는 삶이 되게

해주시옵소서.

또한 하나님의 예물을 잘 관리하여 주의 복음을 위해 잘 흘려보낼
수 있도록 복음의 지혜도 허락해 주시옵소서.

죄 씻음 받는 것을 항상 감사히 여기되 죄를 버리고 깨끗한 삶을
살다가 지성소에 들어가는 온전한 자가 되게 하여 주시옵소서.
거룩하신 주님의 마음으로 들어가기 위해서는 언제 어디서나
무엇을 하든지 예수님의 마음으로 삶을 살다가 들어가도록
도와주시옵소서.
혼자서 들어가는 것은 외롭고 쓸쓸한 좁은 길이 될 것입니다.
누구도 알아주지 않고 함께 해주지 않는 그 길을 오직 예수님의
마음을 품고 걷게 하여 주시옵소서.
지성소에 계신 예수님의 칭찬과 마음을 얻기 위해서 뜻을 다하게
하여 주시옵소서.

항상 나의 죄 때문에 통회 자복을 하되 나라와 민족의 죄를 보고
가슴을 치며 애통해하는 자로 살기를 원합니다.
무엇을 하기 전에 항상 하나님께 먼저 기도로 여쭙고 하나님의
뜻이 어디에 있는지 살펴 가며 살게 해주시옵소서.
하나님의 뜻을 구하고 살아가는 가장 겸손한 자로 살기를
원합니다.

하나님의 말씀을 올바로 받아서 사람들에게 무엇이 옳고
그른지를 담대하고 말하게 하여 주시고 나에게 손해가 되는
말이라고 할지라도 말씀의 법이 확실하다면 과감히 선포하는
믿음의 담력도 허락해 주시옵소서.
하나님의 말씀을 하나님의 마음으로 받아서 무엇을 해야
하나님을 기쁘시게 하는지 슬프게 만드는지를 정확히 알려주는
삶으로 살기를 원합니다.
사람들에게 하나님을 기쁘시게 하는 삶을 살도록 도와주고
권면해주는 삶을 살게 하여 주시옵소서.
그러기 위해서 어떤 상황에서도 세상과 구별된 의의 상속자의
삶을 살게 하여 주시옵소서.

사역의 영으로 가장한 사람들을 분별하게 도와주셔서 사람들로
하여금 더럽혀지지 않도록 인도해주시옵소서.
자신을 부정하게 만들고 더럽혀지도록 만드는 모든 것에서 떠나
살기를 원합니다.
어떤 슬픈 상황에서도 몸과 마음가짐이 흐트러지지 않도록
단정한 생각과 마음으로 살게 해주시옵소서.
주님이 나에게 맡겨주신 거룩한 직분에 충성으로 보답하며 살 수
있게 도와주시옵소서.

예배를 준비할 때에도 하나님을 사랑하여 정성으로 준비하게
하시고 사람들에게도 예배를 하기 전에 준비하게 만들어 하나님
보시기에 아름답게 흠향하시는 예배가 될 수 있게 인도해
주시옵소서.

전능자이신 예수님께 마음의 무릎을 꿇고 항상 자신을
낮추고 주님을 높여드리는 삶이 거룩한 습관처럼 나오게 하여
주시옵소서.
하나님의 보좌 앞에서 거룩하다 거룩하다 거룩하다 찬송하며
기도하는 24 장로들처럼 나의 삶으로 하나님의 이름이 거룩히
여김을 받을 수 있는 삶을 살게 하여 주시옵소서.
가장 거룩한 일을 감당하는 전도자의 신분을 기억하여 때를
얻든지 못 얻든지 복음의 중매자로 살게 해주시옵소서.

마음과 생각을 예수님의 마음으로 기경하여 사람들의 죄를 보며
판단과 정죄와 비난을 하는 것이 아니라 그들의 죄를 애통해하며
그들의 죄를 용서받을 수 있도록 항상 중보하기를 힘쓰게 하여
주시옵소서.

사람들에게 천국에서 받게 될 영적인 복이 무엇인지를 알려주고

그들에게 하늘의 복을 받을 수 있도록 축복해주는 삶을 살게
해주시옵소서.

사람들에게 무엇이 하나님을 기쁘시게 하고 슬프게 하는지를
정확히 말씀에 근거하여 알려줘서 죄 가운데 빠져 살지 않게 돕는
자로 살기를 원합니다.

무엇보다도 상황과 조건에 흔들리지 않고 내가 먼저 하나님이
기뻐하시는 일을 기쁨과 감사 가운데 순종하며 살기를
간구합니다.

믿음이 강한 존귀한 자는 마땅히 믿음이 약한 자의 약점을
담당하고 자기를 기쁘게 하지 않는 삶을 살 것입니다.

육신으로는 떠나있으나 심령으로는 사람들과 함께하고 질서
있게 행하여 예수님을 믿는 믿음이 굳건해질 수 있도록 섬기는
삶을 살게 도와주시옵소서.

죄짓고 있는 자를 지옥불에서 끌어내어 구원해 내는 용기를 부어
주시옵소서.

죄 가운데 더럽혀진 자를 보며 두려움 가운데 긍휼히 여기게 하여
주시옵소서.

하나님이 나를 보호하시고 거침이 없게 하시니 내가 주님의 영광
앞에서 흠 없이 기쁨으로 서게 해 주실 것을 믿습니다.

예수 그리스도의 영광과 위엄과 권세 앞에 무릎을 꿇고 겸손히
생각하고 겸손히 말하는 삶을 살게 해주시옵소서.

사람들에게 진리 안에서 행하도록 인도하는 것은 하나님이 심히
기뻐하시는 영광된 예배입니다.
하나님께서는 그의 자녀들이 말씀 안에서 행하는 것을 보고 듣는
것보다 더 기쁜 일이 없다고 하셨습니다.
나에게 유익이 있어도 악한 것을 본받지 말고 선한 것을 본받아
살기를 원합니다.
선을 행하는 자가 되어 하나님께 속하기를 원합니다.
선을 행하여 하나님을 뵈옵기를 소원합니다.
내가 하나님을 사랑하는 마음을 먹과 붓으로 하늘에 쓰지 않기로
마음먹었습니다.
왜냐하면 이젠 하늘도 공간이 너무나 부족하기 때문입니다.
이제부터는 끝없이 펼쳐지는 우주 공간을 종이로 삼아 흰색 먹과
금붓으로 차곡차곡 삶으로 써 나아가겠습니다.

사랑으로 살고 사랑으로 기억하여 영원한 천국의 처소에서
갚아주실 우리 주 예수님의 이름으로 간절히 기도합니다.
아멘. 아멘. 아멘.

예수께서 이르시되 네 마음을 다하고 목숨을 다하고 뜻을 다하여

주 너의 하나님을 사랑하라 하셨으니 마 22:37

살면 죽도록 충성하여 생명의 면류관을 받게 하여
주시고 죽으면 순교자의 면류관을 쓰게 될 존귀한
자의 문에 들어가게 하여 주시옵소서.

저자의 영적인 조언

읽는 기도를 하신 후 〈기도의 생수〉를 하시게 된 것을 주님
의 이름으로 축하드립니다. 이제는 기도의 생수로 보좌로부
터 성령의 힘을 받게 되어 영적 탄력성이 생기게 될 것입니
다. 그렇게 기도의 힘을 받으신 후에 〈읽는 기도 학교1〉을 읽
어 보시면 성경적인 정확한 근거를 가지고 확실한 길과 방
법을 알 수 있게 기록해 놓았습니다. 여러분들이 마음껏 믿
음으로 취하셔서 말씀을 삶으로 살아내시면서 푯대를 향해
전진 하십시요. 천국을 침노하고 침노하셔야 세상에 마음을
빼앗기지 않습니다. 거룩한 침노를 하시는 것은 하늘에 있는
아름다운 열매들을 맺게 만들고 그것이 증거가 되어 영원한
상급과 면류관을 받게 될 것입니다.

-무명기도자 드립니다-

3부

보좌에 상달되는 기도

— ♔ —

또 다른 천사가 와서 제단 곁에 서서 금 향로를 가지고 많은 향을 받았으니
이는 모든 성도의 기도와 합하여 보좌 앞 금 제단에 드리고자 함이라 계 8:3

지금까지 지내온 것은 주님의 크신 은혜임을 고백합니다.

자나 깨나 항상 우리 주 예수님을 생각합니다.

모든 일을 주 안에서 기도하고 행하게 하여 주시옵소서.

이제는 주님을 뵈올 날이 날로 날로 가까워짐을 느낍니다.

나를 부르신 하나님을 소리 높여 찾습니다.

나를 보내신 하나님을 마음을 다해 찾습니다.

나의 나 된 것은 다 하나님의 은혜입니다.

나의 나 된 것은 다 예수님의 눈물이었습니다.

이제 보니 내가 나 된 것은 예수님의 고난과 희생이셨습니다.

내게 주신 그의 은혜가 헛되지 않게 살겠습니다.

나의 많은 수고가 있었으나 내가 한 것이 아니고 오직 나와 함께

하신 하나님의 은혜로 되었음을 믿습니다.

나의 마지막 호흡이 다 하도록 우리 주 예수님만 부르다가

최선의 삶으로 보답하며 살게 하여 주시옵소서.

나에게 예수님의 십자가를 품고 살게 하시니 나의 나 될 것도

다 하나님의 은혜임을 믿습니다.

한량없는 은혜에 감사드립니다.

갚을 길 없는 은혜에 충성으로 보답하겠습니다.

나는 주저함 없이 복음을 향해 주께서 원하시는 땅을 밟으며

나를 붙들어 주시는 하나님을 생각하겠습니다.

예수님, 예수님, 죽도록 목놓아 부르며 항상 예수님의 모습으로

살기를 원합니다.

하나님을 두려워하는 마음을 갖지 않은 죄를 용서해 주시옵소서.

내 삶으로 하나님을 더 경외하지 못하고 살아왔습니다.

두려워하는 소망을 갖지 않고 두려워하는 사랑을 갖지 않은 채

살아온 것을 용서해 주시옵소서.

하나님을 더 온전히 섬기지 못한 죄를 용서해 주시옵소서.

주 하나님, 나의 경험과 지식과 돈을 가지고 경솔히 살아온 죄를

사하여 주시옵소서.

내게 욕심을 가져다주는 마귀 사탄 귀신의 세력들아 전능하신

예수님의 이름으로 즉시 떠나갈지어다.

하나님, 제 몸이 아프고 힘들 때도 기쁨과 감사로 할 수 있게
도와주시옵소서.

내 몸의 가시가 하나님께 영광이 되고 천국을 소망하는 더욱 흠
없는 소망으로 이루어 주시옵소서.

나의 고난이 보혈의 능력이 되게 하여 주시옵소서.

하나님이 심는 기도가 되고 하나님이 심는 복음이 되게 하여
주시옵소서.

하나님이 심는 예배가 되게 하옵시고 하나님이 심는 섬김이
되기를 원합니다.

하나님께서 직접 심으셨사오니 절대로 뽑히지 않게 하여 주시고
영원한 상급으로 갚아 주시옵소서.

하나님 앞에 겸손히 무릎을 꿇고 죄 없는 상태, 죄 없는 마음으로
살게 해주시옵소서.

하나님~ 이 영의 기도가 내 민족을 살릴 수 있습니다.

나의 기도를 통하여 나라를 구해낼 수 있습니다.

나 한 사람의 기도가 전 세계의 영혼을 구해낼 수 있음을
믿습니다.

이 기도를 통하여서 세계의 역사를 바꿔낼 수도 있을 것입니다.

사람으로서는 불가능하나 하나님으로서는 가능할 수 있음을

믿습니다.

기도하면 전능하신 하나님의 손이 모든 것을 해결해 주십니다.

남을 위해 생각하고 남을 위해 살아가는 것이 하나님 앞에 큰

축복임을 믿습니다.

생각의 고통과 마음의 고통이 하나님 앞에 거룩한 예배가 되게

하여 주시옵소서.

하나님을 사랑하여 생긴 생각과 마음의 고통이 영광된 상급의

보석이 되게 하여 주시옵소서.

하나님의 말씀에 순종하고 하나님의 의를 따를 때마다 마귀는

굶주려서 견딜 수 없게 됨을 믿습니다.

이제부터는 말씀과 기도의 무기를 가지고 나아가기를 원합니다.

하나님의 말씀에 순종한 의가 하늘의 별과 같이 많게 하여

주시옵소서.

나의 믿음과 소망과 사랑이 지금보다 칠 배나 많게 하시며 나에게

허락하실 축복의 문을 열어주시옵소서.

내 삶이 하나님께 속한 것인즉 사람들을 외모로 보지 말고 귀천을

차별 없이 듣고 사람의 낯을 두려워하지 않게 하여 주시옵소서.

살면서 스스로 결단하기 어려운 일이 있거든 기도 가운데
하나님께로 올려드려 주께서 들으시고 응답받는 자가 되기를
원합니다.
내가 행할 모든 일을 하나님께 기도하며 나아갈 수 있게만
도와주시옵소서.
나보다 먼저 가시는 나의 하나님께서 나를 위하여 내 목전에서
모든 일을 행하시고 나를 위하여 싸우실 것을 믿습니다.

고난의 광야에서도 하나님께서는 자기의 아들을 안는 것 같이
내가 걸어온 길에서 안아주시고 이곳까지 이르게 하셨습니다.
주님은 항상 나보다 먼저 나의 갈 길을 가시며 장막 칠 곳을
찾으시고 밤에는 성령의 불로, 낮에는 성령의 구름 기둥으로 나의
앞길을 인도해 주셨습니다.
내 고난의 길도 결국에는 주께서 나를 안고 몸소 걸어오신 눈물
자국이었음을 알게 되었습니다.
오직 내가 나 된 것은 다 하나님의 은혜임을 고백합니다.

내 마음 이 끝에서 저 끝까지 보혈의 길을 만들어 주옵시고
내 생각 이 끝에서 저 끝까지 복음의 길을 계획하게 하여
주시옵소서.

하나님께서는 자기의 왕권자에게 힘을 주시며 자기의
기름부음을 받은 자의 영광을 높여주십니다.
하늘에서 누리게 될 주의 은혜를 지금도 내려 주시옵소서.
예수님이 입고 계신 겸손의 권위를 나에게도 허락해 주셨고
예수님이 가지신 철장권세의 왕권을 나에게도 위임해주셨으므로
내가 이 땅에서도 믿음의 담력으로 전진하게 됩니다.
세상에 살면서도 하늘에서 부여해주신 왕의 품위를 질서 있게
지키며 살게 하여 주시옵소서.
하나님을 대적하는 자들은 산산이 깨어질 것을 기억하여
영혼들을 주님의 눈으로 긍휼히 보며 살게 하여 주시옵소서.
하나님의 주권과 영광을 인정하는 저는 거룩한 두려움으로 우리
주 예수님을 존경하는 마음으로 살기를 원합니다.
죽이기도 하시고 살리기도 하시는 하나님을 경외합니다.
스올에 내리게도 하시고 스올에서 올리기도 하시는 하나님을
찬양합니다.

나의 마음을 달아보시고 행동을 달아보셔서 우리 주님을
기쁘시게 하는 삶으로 살게 하여 주시옵소서.
예수님을 온전한 마음과 기쁜 뜻으로 섬기고 내 영혼이 항상 주를
바라보며 살게 해주시옵소서.

하나님께서는 내 모든 마음을 감찰하시고 나의 모든 동기와
의도를 아시오니 내 중심과 진실함을 받아주시옵소서.
오직 나는 하나님의 영으로 능력과 용기로 충만해지고 진리를
순종함으로 내 영혼을 깨끗하게 만져주시옵소서.
마음으로 기도하여 영으로 간구하고 마음으로 찬송하여 영으로
새 노래를 올려드립니다.
내 영혼을 보전하사 악인의 손에서 불꽃처럼 지켜주시옵소서.

내 입을 악에게 내어주어 내 혀로 거짓을 꾸미지 않게 하여
주시옵소서.
내 생각을 악에게 내어주어 내 생각으로 거짓을 계획하지 않게
하여 주시옵소서.

내 마음을 악에게 내어주어 내 마음으로 악을 키우지 않게 하여
주시옵소서.
내 귀를 악에게 내어주어 내 귀로 험담을 듣지 않게 하여
주시옵소서.
내 손을 악에게 내어주어 내 손으로 세상의 유익과 손잡고 살지
않게 하여 주시옵소서.
내 발을 악에게 내어주어 내 발로 악한 길에 들어서지 않게 하여

주시옵소서.

내 입을 악에게 내어주어 내 혀로 거짓을 말하고 살아온 죄를
보혈로 용서하여 주시옵소서.
내 생각을 악에게 내어주어 내 생각으로 악한 계교를 일삼은 죄를
보혈로 용서하여 주시옵소서.
내 마음을 악에게 넘겨주어 내 마음으로 미워하고 시기하고
욕심을 품은 죄를 보혈로 용서해 주시옵소서.
내 귀를 악에게 넘겨주어 내 귀로 더러운 불의를 듣게 한 죄를
예수님의 보혈로 사하여 주시옵소서.
내 손을 악에게 넘겨주어 내 손으로 내 유익만을 위하여 살아온
죄를 사하여 주시옵소서.
내 발을 악에게 넘겨주어 내 발로 소돔과 고모라를 밟고 죄인의
자리에 참여하게 만든 죄를 보혈로 씻어 주시옵소서.

다른 사람을 가르치는 대로 내 자신을 가르치며 살기를 원합니다.
하나님의 뜻을 알고 지극히 선한 것을 분간하며 살기를
간구합니다.
나의 말과 행동이 어둠에 있는 자의 빛이 되어 살게
해주시옵소서.

그리스도의 인자하심과 용서하심을 본받아 온유와 긍휼한
마음으로 살게 해주시고 모든 사람들에게 화평을 쫓아 살기를
원합니다.
항상 내 고집과 교만을 회개하여 악하고 견고한 진을 파하게
도와주옵시고 하나님의 의로우신 심판이 나타나는 그 날을
손꼽아 기다리게 하여 주시옵소서.
하나님의 명령을 지키는 자는 불행을 알지 못합니다. 아멘

지혜자의 마음을 가지고 때와 판단을 분별하며 살게 하여
주시옵소서.
나에게 불이익이 와도 참고 선을 행하여 영광과 존귀와 썩지
아니함을 구하는 삶으로 인정받아 대제사장의 왕관을 쓰게 되는
자격을 얻게 하여 주시옵소서.
하나님이 심으신 포도나무의 가장 좋은 열매가 되게 하여
주시옵소서.
그러므로 남을 판단하는 상황을 만들지도 말고 남을 정죄하는
자리에 참여하지도 않게 하여 주시옵소서.
남을 판단하는 것은 핑계하지 못할 입술의 죄가 되고 남을
판단하는 것으로 나를 정죄함이 될 것입니다.
판단하는 내가 같은 일을 행하지 않게 해주시옵소서.

남을 판단하지 않는 자는 하나님의 심판을 피할 수 있습니다.

나의 입술과 눈과 귀와 손과 발에서 나온 모든 불의를 제거하여

주시옵소서.

내 마음과 생각의 불의를 보혈로 깨끗하게 씻어주시옵소서.

악의가 가득한 시기와 미움과 다툼을 예수님의 십자가 보혈로

정결하게 씻어 주시옵소서.

뒤에서 수군수군하고 남을 비난하며 비방을 일삼은 죄악을

회개합니다.

더욱더 입과 혀의 거룩을 온전하게 이루게 하여 주시옵소서.

악을 생각하고 악행을 자랑하며 우매한 생각으로 미련한 죄를

지은 것도 예수님의 발 앞에 꿇어 엎드려 회개합니다.

하나님께서는 긍휼이 크시나니 내가 여호와의 손에 전적으로

맡기고 사람의 손을 신뢰하지 않게 하여 주시옵소서.

하나님의 손이 강하신 것을 내가 알았사온즉 내 영혼이 항상

하나님을 경외하고 존경합니다.

내가 가지고 있는 가장 최고의 옥합으로 주를 영화롭게 하여

주옵시고 나에게 있는 최고의 보석으로 예수님이 오실 길을

단장하게 하여 주시옵소서.

내 기도의 향 재료를 받아주시옵소서.

내 보석과 희생의 옥합을 받아주시옵소서.

예수님이 가시는 곳이면 저도 갈 것이고, 예수님이 머무는 곳이면
저도 머무를 것입니다.
예수님이 원하시는 것이 제가 원하는 것이고, 예수님의 계획이
나의 목표가 되기를 원합니다.
예수님이 골고다 언덕 위에 죽으시는 그 자리에서 나도 주님과
함께 죽을 것이고 예수님이 묻히는 그 무덤에 나도 함께 묻히기를
원합니다.
죽음도 저와 예수님을 갈라놓을 수는 없을 것입니다.
저는 주님과 함께 어디든 가려고 마음을 단단히 먹었습니다.
예수님이 전 세계에 있는 모든 영혼을 구원하시고 성취하기
전에는 기도를 쉬지 않을 것이고 복음 전함도 계속할 것입니다.
하나님의 나라와 의를 성취하기 전에는 쉬지 않고 전진할
것입니다.
가난하건 부하건 사람들을 겸손한 심령으로 섬기고 나중 인애가
처음 인애보다 크게 살기를 원합니다.
예수님의 옷자락을 곧게 펴 당신의 미천한 종을 덮어주시옵소서.
주님의 기업을 이 땅에서 의로 이루게 하여 주시옵소서.
하나님의 말씀이 활력이 되어 기도한 대로 순종하여 행하도록

이끌어 주시옵소서.

하나님께서 나를 지켜보시고 말씀으로 행한 모든 것을

갚아주시기를 원하신다면 하나님의 손 아래에 있는 전 세계의

모든 영혼을 모두 구원하여 주시옵소서.

이 땅에서는 상을 주지 마옵시고 작은 상조차도 모두 다 천국에서

영원한 존귀 가운데 함께 받게 하여 주시옵소서.

내가 하나님께 은혜 입기를 원합니다.

하나님이 나를 위로하시고 마음을 기쁘게 하는 말씀을

주셨사오니 오늘보다 내일은 더 온전하게 만들어 주시옵소서.

예수님이 승천하실 기약을 아시고 예루살렘을 향하여

올라가시기로 굳게 결심하셨지만 사마리아인의 한 마을에서는

예수님을 받아들이지는 않았습니다.

예수님이 굳게 결심하셨어도 막히는 일이 생기는 것을 기억하여

나도 복음을 위해 나아갈 때 실망하거나 낙심하지 않게

도와주시옵소서.

예수님을 굳게 믿게 하여 주시옵소서.

굳게 믿어야 굳세게 설 수 있습니다.

만일 내가 상황과 환경에 반응하여 굳게 믿지 않으면 굳게 서지

못할 것입니다.

더 확실한 믿음을 내 마음에 확 담아버리고 듬직하게 순종할 수
있도록 도와주시옵소서.

예수님이 강림하실 때에 성도들에게 영광을 받으시고 모든 믿는
자들에게서 놀랍게 여김을 얻으신다고 하셨습니다.
영의 기도를 할수록 예수님의 증거가 나에게 더욱 선명하게
믿어집니다.
주께서 내 마음을 인도하여 하나님의 사랑과 그리스도의 고난과
인애에 들어가서 온전히 인정받게 하여 주시옵소서.
주의 말씀이 내 마음 가운데서 퍼져나가 영광스럽게 하여
주시옵소서.
행위가 온전한 자가 되어 주의 기뻐하심을 받는 상급자가 되기를
원합니다.
온전하게 행하는 자가 예수님이 인정하시는 의인임을 믿습니다.
주께서는 의로운 예배와 온전한 예물을 기뻐하십니다.
아무도 보지 않는 숨은 곳에서 그리스도의 온전함을 이루게 하여
주시옵소서.
여호와께서 온전한 자의 날을 아시나니 나의 기업이 영원하게
하여 주시옵소서.
내 마음이 온전한지를 살펴보고 정직한 입술이 되어 화평한

미래의 안식을 얻게 하여 주시옵소서.

주께서는 나를 온전한 중에 붙드시고 영원히 주 앞에

세워주셨음을 믿습니다.

오늘도 내 머리에는 거룩하고 정결한 면류관을 쓰고 하늘에서

위임받은 영광된 자로 살게 해주시옵소서.

하나님의 부르심에 합당한 자로 살기를 원합니다.

하나님과 예수님의 은혜대로 살게 하여 주시고 나의 모든 삶에서

영광을 받으사 나도 주님 안에서 칭찬받게 하여 주시옵소서.

예수님이 주신 왕권의 온전함을 끝까지 지켜내게

도와주시옵소서.

하나님의 저울에 항상 통과될 수 있는 권세를 주시옵소서.

내 생각과 마음과 입술이 온전하고 정직하여 하나님을 경외하고

악에서 떠나 살게 해주시옵소서.

예수님의 행함같이 마음을 온전히 하고 바르게 하여 하나님

앞에서 모든 일에 순종하여 존귀한 자로 살기를 원하고

소망합니다.

온갖 좋은 기도의 응답과 온전한 선물이 다 하늘 위로 쌓이게

하여 주시옵소서.

믿음으로 일하고 행하여 믿음을 온전하게 만들어 주옵시고,

사랑으로 일하고 행하여 사랑을 온전하게 빚어 주시옵소서.

성령으로 행하여 성령의 열매를 온전하게 맺기를 원합니다.

말에 실수가 없는 자가 되어 하나님께 온전한 자로 인정받게 하여

주시옵소서.

그리스도께서 나타나실 때에 성도에게 가져다주실 은혜를

원하고 사모합니다.

그리스도 안에서 고난을 당한 나를 온전하게 하시고 굳건하게

하시며 복음의 터를 더욱 견고하고 강하게 해주실 것을 믿습니다.

하나님의 말씀을 가진 자가 되어 하나님의 사랑이 참으로

내 마음에서 온전하게 되었음을 믿습니다.

서로 사랑하여 하나님이 내 안에 거하시고 주님의 사랑이

내 안에 온전히 이루어짐을 믿습니다.

하나님의 사랑이 나에게 온전히 이루어진 것은 심판 날에

담대함을 가지게 만들어주기 위함임을 믿습니다.

이 모든 기도를 온전한 자로 만들어 주시고 이루어 주실 예수님의

이름으로 간절히 기도합니다. 아멘

사랑하는 자녀야 두려워하지 말라

나는 네 방패요 너의 지극히 큰 상급이니라 창 15:1

주님 오심을 준비하는 기도

이러므로 너희도 준비하고 있으라

생각하지 않은 때에 인자가 오리라 마 24:44

세례요한이 광야에서 예수님이 오실 것을 외치며 복음을
전하였듯이 이제는 내가 우리 주님 오실 것을 외치는 복음자로
살기를 원합니다.
주님께서 다시 오실 날이 매우 가까워졌음을 알고 깨어 기도하게
도와주시옵소서.

아버지의 은혜로 주어진 짧게 남은 시간을 아끼며 살기를
원합니다.
헛된 일에 시간을 낭비하지 않게 하시고 허무한 것에 굴복하지
않게 도와주시옵소서.
작은 다툼이나 사소한 감정에 속는 것은 영적 소모전만 더할
뿐입니다.
향방 없이 달려가지 않고 정확한 말씀의 기준을 가지고 예수님께
최우선을 두고 살게 하여 주시옵소서.
세월을 아끼고 시간을 아끼게 하여 주시옵소서.

허망한 것에 무릎을 꿇지 않도록 도와주시고 믿음의 절개를
지키게 하여 주시옵소서.

예수님의 마음이 계신 곳을 볼 수 있는 눈을 주시고 예수님의
음성을 들을 수 있는 귀를 열어 주시옵소서.
오늘도 성소를 넘어 지성소까지 들어가는 거룩한 기도와 삶이
말씀과 일치되게 도와주시옵소서.
오늘도 지성소 안에 있는 언약궤 안으로 예수님의 마음을 얻기
위해 들어갑니다.
증거궤 안에 있는 금 항아리 속 만나를 내 영혼이 먹게 하여
주시옵소서.
아론의 싹 난 지팡이를 내 속사람이 들어 하늘의 힘을 부여
받기를 원합니다.
언약의 두 돌판을 양 손에 들고 말씀대로 살아가는 삶을 살게 해
주시옵소서.
법궤 안에 있는 세 가지 성물을 예수님의 이름으로 보고 예수님의
이름으로 취합니다.
내 숨은 사람이 예수님의 권세를 입어 복음을 나타내고 복음을
증거하게 도와주시옵소서.

내 마음 중심에 예수 그리스도의 이름을 새겨 넣습니다.

새긴 자가 아니면 아무도 지울 수 없는 예수 그리스도의 그 이름이 나의 전부가 되기를 원합니다.

사람의 지식과 경험을 따르지 말고 오직 하나님이 주시는 말씀과 기도의 감동으로 따르게 도와주시옵소서.

영을 쫓아 육체의 소욕을 영으로써 다스리면 기쁨으로 상을 거두게 될 줄로 믿습니다.

죄가 나를 삼키기 전에 기도하여 죄를 다스리게 하여 주시옵소서.

마귀에게 속지 말고 하늘에 속한 자의 신분에 맞게 행동하기를 원합니다.

하나님의 자녀로 예수님의 상속자로 살게 해주시옵소서.

믿음의 땅에 굳게 서서 모든 것을 다스리되 주를 위해 살고 주를 위해 죽게 하여 주시옵소서.

믿음의 무게와 사랑의 무게를 길러서 세상에 요동하는 돛대와 같이 되지 않게 도와주시옵소서.

세상을 이긴 자가 되기를 원합니다.

이긴 자만이 예수님의 보좌에서 천국의 가장 빛나는 잔치에 참여하리라 믿습니다.

아멘 아멘 아멘.

마음을 흐리게 만드는 사람들의 재물과 이유 없이 얻어먹은 식사 대접을 받지 않아서 하나님의 눈에 선하게 보이기만을 원합니다.
사람이 주는 것을 다 받으면 나의 의와 천국의 상은 없게 됩니다.
생각 없이 받다가 내 마음밭에 가증한 재물들을 쌓아 놓지 않게 하여 주시옵소서.

내 영이 졸지 않도록 항상 깨어있기를 원합니다.
예수님이 오시는 나팔 소리에 순식간에 변화되어 썩어질 것이 썩어지지 아니할 영광의 영체로 변화되어 주님 앞에 서기를 간구합니다.
예수님이 강림하시는 그 날에 내 영의 부활체가 가장 아름다운 자태로 나타나기를 원합니다.
더 온전해지기 위해 나를 핍박하는 자들에게 보혈의 능력으로 축복해주기를 원합니다.
하나님 하나님 나의 하나님, 보좌로부터 내려오는 용서의 영을 간구합니다.
혼으로 용서하지 않고 성령으로 용서하게 도와주시옵소서.
하나님의 영으로 용서하여 주께 드리는 나의 기도가 막히지 않게 하여 주시옵소서.
지나간 일에 연연하여 원수에게 틈을 주는 기회가 되지 않기를 원합니다.

많은 일을 다 하려고 하지 말고 주어진 시간에 예수님이 가장
기뻐할 일을 순종하여 그 일에만 더욱 집중하게 도와주시옵소서.
면류관을 쓰고 있는 부활의 모습이 되기를 간구합니다.
예수님을 가장 많이 사랑하는 성도가 되어 더욱 주님과 가까운
쪽에 서기를 간절히 소망합니다.
예수님의 마음과 시선이 머무는 의의 상속자로 살게 하여
주시옵소서.
내 마음을 다 드려서 죽도록 사랑하여 주님과 가장 가까운 곳에
있기를 원합니다.
세상에 있는 모든 영광이 다 사라져도 나의 주님은 영원하십니다.
세상에 있는 모든 나라가 모조리 사라져도 주님의 나라는 영원할
것입니다.
예수님을 사랑하는 마음의 크기에 따라 성도들이 얻게 되는
영광이 다름을 기억하고 살기를 원합니다.

기도와 말씀에 전부를 걸어 사랑하는 마음의 무게를 높이고
크기를 넓히게 하여 주시옵소서.

주님이 주실 흰 돌은 이미 나를 위해 준비되었고 그 위에 나의
이름도 새겨져 있음을 믿습니다.

주께서 믿음의 심지가 견고한 자를 평강에 평강으로
지켜주십니다.

왜냐하면 심지가 견고한 자는 주님을 의뢰하기 때문입니다.

하나님을 영원히 의뢰하겠사오니 주님은 나의 영원한 동반자가
되어 주시옵소서.

창조주 하나님께 진정한 감사와 찬양을 올려 드리고 모든 만물을
사랑하는 마음으로 보기를 원합니다.

내 겉사람이 하나님의 말씀으로 살고 내 속사람은 말씀의 능력이
되기를 원합니다.

오늘을 영으로 심고 의로 거두게 하여 주시옵소서.

오늘도 내일도 하나님이 기뻐하시는 죄의 죽음이 이루어지도록
나를 내어 드리기를 원합니다.

매일 매일 주님을 위해 죽고 복음을 위해 죽는 아름다운 삶이
되게 하여 주시옵소서.

내 자아의 죽음으로 인해 예수님과 하나가 되고 죽음의 통로를
통해 우리 주님과 진정 하나가 될 수 있음을 믿습니다.

예수님께 포기하고 사는 것이 가장 복된 사람임을 믿습니다.

성령의 불로 이기는 힘을 내려 주시옵소서.

주님과 동행하여 함께 있으면 100% 승리하게 됩니다.

내 영혼아 영의 승리를 맛보아 알지어다.

내 영혼아 거룩한 힘을 맛보아 알지어다.

죄가 없어지면 거룩의 힘이 생깁니다.

내 노력으로 좁은길을 가는 것이 아니라 성령의 힘으로 생명길을

걷게 하여 주시옵소서.

주변 사람들로부터 눈치를 보게 만드는 악한 영들아 말씀의

검으로 베어질지어다.

마귀는 상처를 타고 마음 속에 들어가서 상처의 집을 만드는

것이니 사람들의 말에 반응하지 않게 도와주시옵소서.

나의 마음에 새겨진 예수 그리스도 그분의 이름을 영원히

기억하겠습니다.

마음을 정결케 하여 주님께 정결의 면류관을 받을 자로 합당하게

세워주옵시고 성도의 깨끗한 절개를 세상으로부터 지켜내게

하여 주시옵소서.

주님께서 속히 오실 것이고 주님께서 나에게 주실 상이 이미

약속되어 있음을 믿습니다.

하나님 저는 더 큰 영광을 주의 이름으로 사모합니다.

천국은 침노하는 자의 것이라고 말씀하신 주님의 말씀을

기억하며 살겠습니다.

더욱 힘쓰고 애쓰는 자들만이 천국의 영토를 넓힐 수 있게

됩니다.

그리스도로 인한 내 희생의 땀, 회개의 눈물, 생명을 바친 시간이

보화로 되어 내 천국의 영토가 확장됨을 믿습니다.

불타 없어질 허무한 것으로 내 집을 짓지 말고 불타 없어지지

않는 말씀의 보석으로 천국집을 짓게 하여 주시옵소서.

영으로써 기도하는 것을 굳건히 잡아 놓치지 않기를 원합니다.

저를 향한 예수님의 사랑을 굳건히 믿고 조금도 의심하지

않겠습니다.

예수님의 사랑이 나에게는 힘이 되고 능력이 됩니다.

주님을 향한 나의 사랑이 웃음이고 기쁨입니다.

엄청난 은혜와 은사가 나에게 주어질지라도 겸손한 마음으로

항상 기뻐하며 양들에게 덕을 끼치는 삶이 되게 하여 주시옵소서.

하나님께 거저 받았으니 거저 주는 삶을 살게 하여 주시옵소서.

나에게 거저 주시는 하나님의 은혜와 영광을 찬송합니다.

"하나님의 말씀을 알고 행하면 복이 있으리라."

아멘 아멘 아멘.

하나님이 보내신 저는 하나님의 말씀만 하고 살기를 원합니다.

왜냐하면 하나님이 성령을 한량없이 부어 주시기 때문입니다.

기도는 가장 강력한 영적 행위임을 믿습니다.

간절한 기도와 필사적인 기도를 할 수 있는 힘을 주시옵소서.

기도하는 것이 얼마나 가치 있고 위대하기에 마귀가 집요하게

방해하고 못 하게 막는지를 생각하겠습니다.

기도하기가 어려운 이유는 마귀의 모든 계략을 무력화시킬 수

있는 강력한 행위이기 때문입니다.

기도는 생존을 위한 본능이요 내 영이 살 수 있는 거룩한

예배입니다.

사력을 다하는 기도를 힘써 아뢰게 하여 주시옵소서.

내가 기도하면 하나님께서 나를 대신하여 싸우십니다.

기도의 영권을 가지고 보다 높은 차원의 반열에 진입할 수 있도록

도와주시옵소서.

나의 인생과 천국의 상급은 내 노력이 아니라 겸손히 기도하는

것에 달려있습니다.

기도로 나의 삶을 바꾸고 주변 사람들의 삶을 바꿀 수 있습니다.

내 생명을 기도의 제단 앞에 올려놓을 수 있는 믿음으로 하나님이 기억하시는 기도의 전사가 되게 하여 주시옵소서.

오직 기도만이 가장 먼저 승리할 수 있는 유일한 길입니다.

기도하면 믿음의 담력과 순종할 수 있는 힘이 생기게 됩니다.

기도를 등에 업고 사는 자는 영적인 힘이 있게 됩니다.

기도가 식으면 상처를 받게 되지만 기도가 살아나면 상처의 죄도 이길 수 있습니다.

하늘의 제단을 흔들고 주님이 쉬지 못하게 만드는 강력한 기도를 하게 도와주시옵소서.

내 영혼을 위하여 기도하면 더욱 겸손해지고 거룩해지게 됨을 믿습니다.

빛나게 타오르는 기도의 영력을 내려 주시옵소서.

나 한 사람의 기도가 전 세계의 영적 흐름을 바꿀 수 있음을 기억하겠습니다.

믿음의 기도는 죄된 내 자아를 이기게 하고 영적인 전쟁에서 승리하게 만들어 줌을 믿습니다.

믿음의 기도는 홍해를 가르기도 하고 죽은 자를 살리는 기적을 안겨줄 것입니다.

항상 기도하여 마귀가 넣어 주는 생각을 기도의 손으로 붙잡아
던져 버릴 수 있게 도와주시옵소서.

오늘도 기도하여 말씀의 길을 걸을 수 있는 어제보다 더 큰
믿음을 가지겠습니다.

계속 기도하여 좁은 길을 걸어서 예수님이 계신 목적지까지
이르겠습니다.

주 하나님 저는 미련해서 내 죄를 깨닫지도 못하는 죄인입니다.

저 혼자서는 회개를 못 합니다.

나를 불쌍히 여겨 주시옵소서.

주님의 도움이 절실히 필요합니다.

나의 모든 죄를 알게 하여 주시고 성령께서 말씀으로 조명하여
주시옵소서.

성령께서 회개할 수 있도록 회개의 은혜를 내려 주시옵소서.

주님의 임재가 내 영혼에 임하여 주시옵소서.

하나님을 기다리는 나에게 주께서 나타나 주실 것을 믿습니다.

주님을 기다리는 삶을 산다면 마음과 생각에서 일어나는 모든
더러운 것을 버릴 수 있는 힘을 내려 주시옵소서.

더러운 죄악이 내 생각과 마음에 넘어오지 않게 도와주시옵소서.

스쳐 지나가는 죄악 된 생각조차도 내 생각에 흘러들어오지
않기를 간절히 간구합니다.

예수님을 섬기기 위하여 직업을 포기하고 선교를 나가기 위하여
물려준 집을 포기한다고 할지라도 마음과 생각에서 죄악을 품고
악한 생각을 한다면 결국은 지옥길이 될 뿐입니다.
가진 것을 포기하는 것보다 예수님 앞에서 죄성 깊은 내 자아를
포기하게 도와주시옵소서.
예수님을 섬기기 위하여 직업과 집을 팔려고 하지 말고 내 고집과
교만을 팔게 하여 주시옵소서.
죄로 오염된 내 생각과 마음을 가져가시고 예수님의 보혈로
깨끗해진 거룩한 생각과 마음을 주시옵소서.
생각과 마음이 불의한 자는 하나님의 나라를 유업으로 받지
못합니다.

내 중심을 보시는 하나님은 창밖에 있는 여자를 보며 더러운
상상을 하는 것과 속으로 다른 사람을 비난하고 살인하는 것을 다
보고 계실 것입니다.
내 겉사람을 만드신 하나님이 내 속사람도 만드셨으니 모든
것들이 다 벌거벗은 것처럼 드러나게 될 것입니다.

하나님은 나의 모든 순간을 다 보고 계시고 다 알고 계십니다.
머리카락 하나도 나눠 세시는 하나님은 내 마음과 생각에서
일어나는 모든 것을 하나 하나 여호와의 저울에 올려놓고
계십니다.

하나님은 내 모든 생각을 다 알고 계시고 내 마음을 자세히
살피시는 전능자이심을 인정합니다.

내 작은 죄조차도 아주 큰 대역죄로 느끼며 살게 해주셔서 작은
죄에도 예민하게 반응하는 영의 사람이 되게 하여 주시옵소서.

죄를 미워하고 더 깊은 바닷속에 던져 넣기를 원합니다.

죄를 증오하며 내 발바닥 밑에 가루가 될 때까지 밟아버리기를
원합니다.

보혈의 권세로 전갈을 밟아버리는 능력을 주시옵고 악한 영의
계획을 깨부술 수 있는 힘을 부어 주시옵소서.

마귀의 위조된 사역에 속지 않게 하여 주시옵소서.

사역의 부자로 사는 것이 아니라 심령이 가난한 자로 살기를
원합니다.

나의 가치는 내 사역에 있지 않고 오직 예수 그리스도를 믿는
보혈의 권세 안에 있음을 확신합니다.

시작은 잘했으나 죄의 길로 들어서지 않게 하여 주시옵소서.

시작도 잘하고 과정도 충실하여 주님께 마지막을 칭찬으로
인정받는 종이 되게 하여 주시옵소서.
하나님께서는 처음부터 끝까지 나를 지켜보고 계셨습니다.
불꽃 같은 두 눈과 빛난 주석 같은 주님이 내 마음을 꿰뚫어 보고
계십니다.

하나님을 사랑하여 내게 유익한 모든 것을 자연스럽게 버리게
하여 주시옵소서.
예수님을 사랑하여 내게 가치 있다고 생각하는 모든 것을 기꺼이
버리게 하여 주시옵소서.
성령님을 내 안에 모시기 위하여 나의 꿈과 야망과 권리를 포기할
수 있게 도와주시옵소서.
나에게 소중한 것을 다 버리고 포기하여 하나님의 영광을 구하는
지혜를 주시옵소서.
하나님 앞에서 아무것도 주장하지 않기를 원합니다.
영생을 얻는 것은 어떤 것도 비할 바 없는 최고로 중요한
것이므로 죄 된 모든 것을 싹 다 불태워 제거하여 주시옵소서.
사랑하면 포기할 수 있습니다.
예수님을 사랑하면 내가 좋아하던 것도 하지 않게 됩니다.
모든 것을 포기하고 하나님께 나아갑니다.

이 세상이 한점도 가치 있게 보이지 않는 기적의 눈을
주시옵소서.

마음으로 지은 죄도 지옥 갈 죄입니다.
하나님은 나의 마음을 보고 계시고 내 중심을 말씀의 검이 되어
내 관절과 골수를 쪼개기까지 하시며 예리하게 꿰뚫어 보고
계십니다.
문제를 문제로 보지 못하는 어리석은 맹인이 되지 않게 하여
주시옵소서.
내 마음속에 있는 모든 어두움을 말씀의 빛을 비추어 항상
몰아내게 하여 주시옵소서.
세상을 버리고 포기하는 것을 넘어서서 예수님을 사랑하여 내
영을 깨끗하게 지켜내는 성도가 되게 하여 주시옵소서.
지키려고 버리는 것이고 얻으려고 내려놓는 것입니다.
지키려고 나를 부인하는 것이고 얻으려고 나를 십자가에 못 박는
것입니다.

스스로 자칭하는 의인 1%가 아니라 온전히 주님께 붙들린
의인 1명이 되기를 간구합니다.

전능하신 하나님은 의인 한 명으로도 죄악이 가득찬 나라를
용서해 주실 수 있음을 알게 해 주셨습니다.

세상이 죄로 어두워져도 나 한 명이 깨끗하고 거룩함을 유지하여
하나님이 세상을 바꾸기 위해 들어 쓰는 그런 단 한 사람이 되게
하여 주시옵소서.

마귀가 사용하는 최고의 전략은 속임 있는 언어와 죄를
만들어내는 자연스러운 분위기입니다.

마귀의 속임을 분별하는 안약을 보혈의 권세로 사서 내 눈에
바르겠습니다.

죄악된 생각을 집어넣는 악한 영들아 예수님의 이름으로
떠나갈지어다.

스트레스의 영들아 예수님의 이름으로 명하노니 네 것을 가지고
무저갱으로 떨어질지어다.

작은 죄의 틈을 노려 집중 공격을 하는 틈의 영들아 전능하신
예수님의 이름으로 떠나갈지어다.

죄는 밖에서가 아니라 내 안에서부터 시작됨을 기억하겠습니다.

그러므로 불완전한 나를 내어 드리고 성령께 지배받아 살기를
원합니다.

오직 내 스스로 삼가며 나의 마음을 힘써 지키게 하여

주시옵소서.

모든 지킬만한 것 중에 더욱더 내 마음과 생각을 확실하게 지켜서
생명의 근원을 확실히 붙잡게 하여 주시옵소서.

하나님의 말씀을 내 마음에 두고 말씀을 내 눈에서 떠나게 하지
않기를 원합니다.

내 마음을 저울에 달아보시는 하나님은 내 생각과 마음을 다
아시고 통찰하고 계십니다.

하나님의 평강이 있게 하시고 예수님 안에서 내 마음과 생각을
지키고 살게 하여 주시옵소서.

생명책에 있는 나의 이름이 너무 눈부셔서 내 생명책에 빛을
발하게 하여 주시옵소서.

오늘도 말씀과 기도와 복음에 전부를 거는 삶을 살게
도와주시옵소서.

그리하여 생명책에 있는 나의 이름이 생명력 있게 살아 움직이고
빛난 광채로 춤추는 잔칫집이 되게 하여 주시옵소서.

내 생각과 마음에 거룩한 향기름을 바르고 거룩한 향기를 내는
삶으로 살게 하여 주시옵소서.

내 기도가 성소의 향을 넘어서 지성소의 향기로운 향유가 되기를
원합니다.

내 마음의 성전에 있는 거룩한 향기가 성령의 능력으로 내 삶의 꽃이 되고 아름다운 삶의 열매가 되게 만들어 주실 예수님의 이름으로 간절히 기도합니다. 아멘

이와 같이 좋은 나무마다 아름다운 열매를 맺고
못된 나무가 나쁜 열매를 맺나니 마 7:17

완전함에 이르는 회개기도

다시 우리를 불쌍히 여기셔서 우리의 죄악을 발로 밟으시고
우리의 모든 죄를 깊은 바다에 던지시리이다 미 7:19

예수님의 보혈, 보혈을 믿음으로 외치고 선포합니다.
내 주변에 있는 모든 악한 계획을 하고 있는 죄된 영들아
예수님의 보혈로 명하노니 흩어지고 깨어질지어다.

완전한 예수 그리스도의 보혈을 내 속사람에게 입혀 주시옵소서.
예수 그리스도 안에 있는 저는 결코 정죄함이 없음을 믿습니다.
내 속사람과 겉사람이 예수 그리스도를 믿음으로 죄사함을
받았음을 선포합니다.
그러므로 마귀는 내 죄에 대하여 결코 정죄할 근거가 이제는 없게
되었습니다.
하나님 아버지 내 모든 순간순간마다 나조차도 인식하지 못하고
있었던 마음속에 숨어 있는 죄의 동기들을 주께서 용서하여
주시옵소서.
사람들에게 인정받기 원했던 숨어 있는 마음속 동기를 예수님의
보혈로 사하여 주시옵소서.

내 삶에서 가장 어렵고 가장 힘들고 가장 절망적인 상황 속에서도 하나님을 더 붙잡을 수 있게 도와주시고, 하나님을 의지하고 오직 예수님과 동행할 수 있는 시간만 되도록 허락해 주시옵소서.

성령의 불이 나에게 임하여 내 삶의 모든 목표는 오직 예수 그리스도와 동행하는 것이 되기를 원합니다.

예수님의 손을 붙잡고 동행하는 것만이 심판의 날에 주님께서 인정해 주시는 내 신앙의 칭찬이 될 수 있을 것입니다.

지금만이 내게 허락해 주신 예수님과의 동행할 수 있는 시간임을 믿습니다.

내 삶을 예수님과의 동행으로 가득 채울 때만이 내가 예수님을 만나 심판대 앞에서 하나님 앞에 인정받는 시간이 될 수 있음을 믿습니다.

예수님의 보혈을 믿음으로 먹고, 예수님의 보혈을 믿음으로 선포하며 외칩니다.

주님 앞에 서게 되었을 때 반드시 직면하게 될 심판대를 하나님 앞에서 두렵고 떨리는 마음으로 생각하며 살게 하여 주옵소서.

내가 지금 예수님을 붙들어야 심판대 앞에 갔을 때 예수님께서 나를 붙드시고 사단의 정죄를 물리쳐 주실 수 있습니다.

예수님을 믿는 그 믿음 안에서 나는 죄사함을 받아 그 누구도

정죄할 수 없는 삶을 살게 해주시옵소서.

내 삶에 대한 모든 흔적이 그리스도의 흔적이 되어서 하나님 앞에

아름다운 직인이 찍히는 거룩한 삶이 되게 하여 주옵소서.

그러기 위해서는 나도 모르고 있던 마음속에 있는 깊은 자기의와

다른 사람에게 인정받고 싶어 하는 죄된 동기들을 다 용서하여

주시옵소서.

사람에게 인정을 받으면 하나님 앞에 인정받지 못하고, 사람에게

인정받지 못하더라도 하나님이 인정해 주시면 모든 것을

인정받게 될 것입니다.

오직 하나님만 붙들고 의지하는 삶을 살기를 원합니다.

예수님을 나의 구원자로 확실히 믿고 나아갑니다.

예수님을 나의 메시아로 믿고 고백하여 마귀의 참소를 제거해

버립니다.

오늘도 그리스도의 푯대를 향하여 주님 앞에 나아갑니다.

나도 인식하지 못하여 속았던 내 마음속에 있는 더러운 죄된

동기들을 예수님의 보혈로 사하여 주시옵소서.

나는 할 수 있는 것이 아무것도 없음을 인정합니다.

하나님, 내 영혼을 살려주시옵소서.

내 삶의 주인은 오직 하나님이십니다.

오직 예수님을 그리스도로 믿는 것 외에는 결코 구원이 없음을
고백합니다.

예수님만이 하늘과 땅과 땅 아래에 있는 모든 권세를 가지셨고
모든 사람들의 심판자이심을 믿습니다.

내 인생에서 내 삶의 주인은 오직 예수 그리스도이십니다.

나팔 소리와 찬양 소리가 하늘의 빛으로 임하여 주시사
내 속사람이 더욱 살아날 수 있게 하여 주시옵소서.

예수 그리스도의 보혈의 힘을 믿습니다.

예수 그리스도의 십자가를 믿습니다.

예수 그리스도의 겸손을 허락하여 주시옵소서.

예수 그리스도의 권세가 나의 권세로 덧입혀지게 하여
주시옵소서.

너무나 수치스럽고 부끄러운 내 속에 있는 숨어 있는 죄들을
예수님의 십자가의 보혈로 다 용서하여 주시옵소서.

불가능에 부딪혔을 때도 하나님을 의지하며 하나님이 모든 것을
해결해 주시고 일해 주실 것을 믿사오니 아버지 하나님 앞에 무릎
꿇고 기도하게 하여 주시옵소서.

하나님의 선하심을 영의 기도로써 나타내 주시옵소서.

내 마음속 깊은 곳에 찌꺼기같이 가라앉아 있는 겸손해 보이는

기도의 생수

듯한 더 큰 교만을 보혈의 피로 용서해 주시옵소서.

자기가 조금만 기분 나쁘면 함부로 생각해 버리고 자기가 조금만 감정이 상하면 혈기 부려 함부로 말하는 못난 내 자아를 보혈의 손으로 씻겨 주시옵소서.

내 감정대로, 기분대로, 생각대로 사람들을 대하여 다툼과 갈등을 일으킨 죄를 회개합니다.

내가 힘들고 어려우면 시기하며 대하고 몸이 아프면 짜증섞인 감정으로 대한 죄를 용서해 주시옵소서.

불의가 공의를 넘지 않게 해주시옵소서.

행함이 기도보다 앞서지 않기를 원합니다.

남보다 무엇인가 조금이라도 잘하면 스스로 자고한 마음을 가지고 못난 놈이 잘난체하며 건방진 모습이 참으로 가관인 저를 용서해 주시옵소서.

주님, 저같이 교만한 놈에게도 십자가의 은혜를 내려 주시옵소서.

상대방을 존중해 준다고 하면서도 속으로는 나보다 못한 부분을 찾아내어 업신여기고 교만하게 깔보며 하찮게 여기니 내가 가진 이 더러운 속마음을 어찌하면 좋겠습니까.

주님 제 마음이 괴롭습니다.

이 죄 때문에 가슴 치도록 애통합니다.

이 모든 숨어 있는 죄악을 예수님의 보혈로 용서하여 주시옵소서.

상대방을 배려해 준다고 하면서도 속으로는 그 사람을 우습게

여기고 낮추어 보는 교만한 눈을 어찌하면 좋겠습니까.

주님 제 마음이 죄로 인하여 슬프고도 슬픕니다.

배려 뒤에 숨어 있는 인정받고 싶어 하는 죄가 있습니다.

선대하는 모습 속에 좋은 사람이라고 칭찬받기를 원하는 교만한

죄가 있습니다.

겉으로 보이는 배려 속에 숨어 있는 교만한 의를 보혈로 깨끗이

씻어 주시옵소서.

아니라고 말하는 말 속에 버릇없이 자신을 드러내고 뽐내는

위선된 자아를 용서하여 주시옵소서.

다른 사람이 무슨 말 한마디를 하면 주제넘게 생각하여 속단하고

스스로를 오해하게 만들어 죄를 더 키운 죄가 있습니다.

주제넘게 생각하여 죄를 만들어 낸 자아를 십자가의 보혈로

용서해 주시옵소서.

나이를 먹은 만큼 더 큰 교만으로 살아가고 스스로 교만이 원하는

교만한 집까지 만들어 놓고 그 교만과 함께 죄를 먹고 마시며

살아온 죄를 용서하여 주시옵소서.

버릇없이 하였던 말과 행동을 예수님의 보혈로 용서하여

주시옵소서.

이제 보니 저는 겉과 속이 다른 몹시 간사하고 교활한
사람입니다.

수더분하지 못하고 얄밉게 약삭빠른 이 못난 자아를 어찌하면
좋겠습니까.

해도 해도 안되는 저는 오직 예수님의 보혈만을 의지합니다.

거역과 죄악으로 가득찬 마음의 죄를 용서하여 주시옵소서.

사랑하는 주님~ 이제부터라도 내 자신을 거지로 생각하며 살 수
있는 은혜를 내려 주시옵소서.

십자가 앞에서 성질부리고 화내고 혈기 부릴 때마다 죄 가운데
있는 내가 너무 초라하고 실망스럽기만 합니다.

어떻게 하면 누구에게라도 작고 작은 혈기조차 부리지 않고
아무에게나 기분 나쁘지 않고 감정 상하지 않고 살 수 있을까요.

아직도 내가 무엇인가 해볼 수 있다고 생각하는 그것이 나를
교만하게 만들고 있습니다.

아직도 내가 돈도 벌 수 있고 그 돈으로 무엇이라도 해볼 수
있겠다고 하는 그 생각으로 교만한 영과 밤낮으로 함께 지내고
있습니다.

하나님 저는 어찌하면 좋겠습니까.

해도 해도 안 꺾이고 안 죽고 못 내려놓는 이 자아를 어찌하면
좋겠습니까.
꺾이는 듯하나 다시금 뻣뻣해지고 있고 죽는 듯하나 여전히
내 자아는 안 죽고 이토록 팔팔 살아서 날뛰고 있으니 이 일을
어찌하면 좋겠습니까
내려놓는 듯하나 또 내려놓지 못하고 내 경험과 판단이 기도보다
앞서서 주님과 발걸음을 맞추지도 못하고 있습니다.
하나님, 내 교만의 허리가 휘어서 펴지지 않게 확 부러뜨려
주시옵소서.

입술로는 동행이라고 말은 하지만 내 생각과 마음은 이미 주님께
무엇을 물어보기도 전에 저만치 앞질러만 가고 있으니 이 자아를
어찌하면 좋단 말입니까.
이 못된 자아, 내 천한 자아, 미련하고 초라한 자아,
변변찮으면서도 여전히 교만한 자아, 부족한 점투성이인 것을
인정하지 않는 자아, 보잘 것 없는 것을 알면서도 보잘 것 없는
것을 싫어하여 스스로를 높이는 내 자아를 성령의 불로 다 태워
주시옵소서.
미천한 것을 알고는 있지만 결코 미천하기는 싫어하고 초라하고
보잘 것 없는 것을 인식하고 있지만 속으로는 초라하고 싶지 않고

보잘 것 없는 것을 인정하기 싫어하는 위선을 예수님의 보혈로
용서하여 주시옵소서.

천하고 낮은 것을 알고는 있지만 실상은 천한 것을 싫어하고 낮은
것을 밀어내 버리는 내 못된 심성을 보혈로 용서해 주시옵소서.

상대방이 내 생각을 꺾으면 꺾이기는커녕 속으로는 분해서 어쩔
줄 몰라 하며 헛소리나 해대는 이 못난 자아를 예수님의 보혈로
용서하여 주시옵소서.

오만하고 거만하고 교만의 옷을 입고 다니며 이리저리 들쑤시고
다니는 미련한 자아를 예수님의 보혈로 용서하여 주시옵소서.

빈약하고 보잘 것 없는 내 자아를 가져가시고 하나님만 바라보고
하나님만 의지하는 굳건한 자아로 바꿔주시옵소서.

내가 무엇인가를 열심히 하여 이루어 낸 세상의 성공도 주님 없이
한 것이므로 교만을 먹고 사는 죄입니다.

내 귀를 간지럽히는 모든 좋은 말과 자랑의 욕구와 나를 드러내는
말은 교만 중에서도 가장 더러운 죄악의 독입니다.

마귀의 근성을 받아 자기 입으로 자기 스스로 높이는 말은 마귀를
대신해 주는 가장 미련한 죄입니다.

"나는 거룩하다" 생각하는 것은 마귀가 주는 속임입니다.

되지 않은 것을 마치 된 것처럼 생각하고 말하고 행동까지 일삼은

죄악을 보혈의 피로 용서해 주시옵소서.

하나님, 저처럼 이렇게까지 거짓되고 속이는 자는 없을 것입니다.

붉은빛처럼 물든 나의 모든 죄를 십자가의 보혈로 씻어주시고 또

씻어주시고 계속 씻어 주시옵소서.

"나는 이 정도면 되었을 거야." "나는 겸손하게 살잖아." "사역은

내가 할 수 있다." "내가 하나님의 일을 하고 있다."

기도 많이 하는 자기의와 전도 많이 하는 자기의에 빠져

신앙생활을 자기만족 따라 해왔습니다.

이런 말들을 말하면서 스스로 거룩하고 존귀한 척하며 살아온

지난날을 회개합니다.

지극히 작은 죄뿐만 아니라 눈에 보이지 않는 죄까지도 한눈에

알아보고 분별할 수 있는 영권을 주시옵소서.

죄 된 육의 생각은 저 멀리 버리고 의 된 영의 생각은 항상 내

마음에 품고 살게 하여 주시옵소서. 아멘 아멘 아멘.

고개도 들면 안 되는 놈이 어떻게 다른 사람과 다툴 수가

있겠습니까.

싸우는 것과 다툰다는 것 자체가 내 고집을 못 꺾고, 내 주장을 못

내려놓아서 생기는 교만한 행동이었음을 알게 되었습니다.

남하고 의견이 안 맞아서 기분 나빠하고 속으로 마음 상해한다면
그것도 이미 제가 교만한 사람이라는 것을 스스로 증명하는 것
밖에 되지 않습니다.

내가 돈을 내고 무엇인가 사거나 먹을 때에도 상대방이 나를
기분 나쁘게 만들었다고 기분 나빠한다면 그것조차 내 마음이
교만하기 때문에 남의 말이 거슬리게 생각되는 것임을 알게
되었습니다.

내 생각과 마음이 예수님의 온유와 겸손한 성품으로 온전하게
다듬어지지 않았기 때문에 다른 사람의 말이 거슬리고, 기분
나쁘고 감정이 상하게 됨을 깨닫게 되었습니다.

저는 여전히 말 한마디에 반응하는 교만하기 짝이 없는 미련한
죄인입니다.

하나님~ 지금까지 하나님의 일을 하면서 잘못된 마음으로
말하고 듣고 생각한 죄를 용서하여 주시옵소서.

주님의 복음을 준비하면서 조차 누가 알아줬으면 좋겠고 누가
들어줬으면 좋겠고 누가 퍼뜨려 줬으면 좋겠다고 생각한 숨은
죄를 용서해 주시옵소서.

하나님 저는 이토록 더럽고 가증스러운 죄인입니다.

겉으로는 이름없는 복음자라고 말하면서도 속에서는 인정받고
싶은 복음자로 교만하게 생각을 하였습니다.
겉으로는 빛도 없는 전도자라고 말하면서도 속으로는 모든
관심과 칭찬의 박수를 몰래 다 받아 누리고 싶은 마음으로 살아온
죄를 용서하여 주시옵소서.
이름 없는 곳에 이름이 더 있기를 원했고 이름 없는 곳에 관심이
더 있기를 바랐던 위선을 용서하여 주시옵소서.
빛도 없는 곳에 더 큰 조명을 받기 원했고 빛도 없는 곳에 더 큰
칭찬을 받기 원했던 속임을 용서하여 주시옵소서.

이중적인 삶을 살은 죄를 십자가의 보혈로 용서해 주시옵소서.
하나님 저는 회개하고 싶습니다.
하나님 저를 긍휼히 여겨 주시옵소서.
내 속에 있는 죄를 볼 수 있도록 회개의 영을 내려 주시옵소서.
저는 하나님 나라에서 상급을 받고 싶고 이 땅에서 받을 거 다
받고 끝내고 싶지는 않습니다.
내 자신이 만들어 놓은 확신으로 당연히 천국에 간다고 생각한
미련한 죄를 용서하여 주시옵소서.
깨어 있으나 자고 있었던 저를 보혈의 피로 깨끗이 씻어 주셔서
다시 시작할 수 있는 새 힘을 주시옵소서.

기도의 생수

헛된 확신으로 내 영혼을 잘못된 길로 가게 만든 죄를 용서해
주시옵소서.

시대의 징조를 보고 시대의 죄를 회개하라고 말할 것이 아니라
내 안에 숨어 있는 죄를 보고 내가 하나님 앞에서 회개하여 내
영혼이 보혈의 옷을 입고 살아가는 은혜를 내려 주시옵소서.

엉뚱한 것에 내 자신은 보지 못하고 잘못된 것에 깨어 있다고
착각한 죄를 용서하여 주시옵소서.

회개로 내 영혼을 깨끗이 하여서 오실 주님 앞에 흠 없이 서기를
원합니다.

진짜 영적인 사람이 되어 내 죄와 내 삶에 묻어 있는 죄를
찾아내며 살기를 원합니다.

내 십자가를 날마다 지고 항상 무엇을 하든지 주님을 온전히
따라가게 하여 주시옵소서.

날마다 자기를 부인하며 진정한 십자가를 지고 우리 주님을
따르는 성도가 되기를 원합니다.

내 죄를 보고 참된 회개에 이르도록 회개의 영을 부어
주시옵소서.

"네가 이미 이 땅에서 받을 것을 다 받았다."

"하늘에서는 더이상 받을 상이 없다."

스스로 자기의에 빠져 이 땅에서 자기상을 이미 다 받아버린
어리석은 자가 되지 않기만을 기도합니다.
하나님이 원하시는 만큼 그 뜻을 이루어 드리고 하나님이 가시는
만큼만 주의 뜻을 이뤄 드려서 주님보다 앞서가는 자기의를
범하지 않게 하여 주시옵소서.
하나님이 돈이 없어서 못 가실 것도 없으시고 하나님이 사람이
없어서 못 이루실 것도 하나 없으십니다.
하나님보다 앞서서 무엇인가를 해보려고 한 교만을 용서하여
주시옵소서.

아무 유익 없이 사역의 먼지만 폴폴 날리는 맹인으로
살지 않기를 원합니다.
하나님의 일은 하나님이 하십니다.
저는 그저 하나님의 말씀에 순종하는 것뿐입니다.
하나님이 하나님의 일을 하는 그곳에 나를 초대해 주신
것뿐입니다.
착각하지 말고 나를 더욱 낮추고 살게 하여 주시옵소서.
자연스럽게 있는 죄보다 더 무서운 죄는 선한 가면을 쓴
죄입니다.
선해 보이고 믿음 있어 보이는 내 안에 썩어서 냄새나는 거짓되고

위선된 자기의가 있었습니다.

"내가 이렇게까지 하고 있어."

"나는 선행하고 있어."

"나는 하나님만 바라보고 있어."

이것은 주님이 평가하실 일이지 제가 평가할 것이 아닌데도

스스로를 위안 삼아 키워 온 내 속에 있는 자기의를 보혈로

용서해 주시옵소서.

내가 하고 있는 경건을 자랑스럽게 생각하고 있고 괜찮게

생각하고 말하는 것조차 자기의에 숨어 있는 증거입니다.

자기가 자기 스스로에게 칭찬을 해 주었고 자기가 자기

스스로에게 영예를 주었고 자기가 자기 스스로에게 존경을

주었습니다.

자기가 자기 스스로에게 감사를 주었고 자기가 자기 스스로에게

보람을 주었고 자기가 자기 스스로에게 뿌듯함을 주었습니다.

스스로 자원하여 자신에게 기쁨과 즐거움을 주었고 만족을 주며

어리석게 살아왔습니다.

그러므로 자기가 자기 자신에게 칭찬과 감사를 받아 누렸고
존경과 영예를 다 갖다 누렸고 뿌듯함과 보람을 다 누리게
되었으니 세상에서 이미 다 받아 누리게 된 것이나 다름이
없었습니다.
세상에 살면서 자기가 자기 스스로에게 다 받아 누리게
만들었다면 이것도 하늘에서는 이미 자기의 상을 다 받게 된
것이나 다를 바가 없습니다.
자기가 자기에게 주는 것도 자기 의의 옷을 입은 죄가 될 수
있다는 사실을 알게 해 주셔서 감사를 드립니다.
남에게 무엇인가를 보이려고 한 것도 자기의 상을 이미 다 받아
누린 것이 되지만 남에게 보이지 않았어도 스스로가 자기의를
옷 입고 다 받아 누린 것도 자기의 상을 이미 다 받은 것이 됨을
기억하고 살겠습니다.

지혜로운 종이 되어 자기의에 빠지지 않기를 원합니다.
자기의에 빠진 어리석은 종이 되어 자기의 상을 잃어버리는
미련한 종이 되지 않기만을 간청합니다.
이제부터는 심는 일을 하든지 물 주는 일을 하든지 말씀대로
순종하여 하기만 하고 무익한 종의 고백만 있게 하여 주시옵소서.
하나님의 명령을 받아서 다 행한 후에 무익한 종은 내가 하여야

할 일을 한 것뿐이라는 고백만 있게 하여 주시옵소서.

종은 그저 주인께서 명령하신 것을 종답게 하기만 하면
그만입니다.

종이 아무 말 하지 않고 주인의 명령을 행한다고 할지라도 종의
마음을 달아 보시는 주인은 종의 숨은 동기까지도 다 알고 계시고
다 지켜보고 계십니다.

돌아볼수록 내 안에 숨은 죄가 이렇게 많았음을 알게 되었습니다.

내 마음이 교만하여 숨어 있는 죄를 보지 못한 어리석음을 용서해
주시옵소서.

회개의 영을 부어 주셔서 참된 회개에 이르기를 원합니다.

있지 않은 것을 알리고 싶어 했던 숨어 있는 자기의를 예수님의
보혈로 깨끗이 씻어 주옵시고 성령의 불로 재가 되도록 다 태워서
없애 주시옵소서.

간절히 간구하오니 마음속 깊은 곳에 숨어 있는 교만한 자기의를
용서하여 주시옵소서.

선한 가면을 쓴 거짓 자아와 믿음의 가면을 쓰고 살아온 못된
자기의를 보혈로 용서하여 주시옵소서.

회칠한 무덤 속에 감춰진 냄새 나고 썩은 시체보다 더 더러운 내
자아를 주님께 올려 드립니다.

거짓되고 위선 된 내 자아를 가져가시고 진실하고 정직한
심령으로 바꿔 주시옵소서.

회개해야 되는 죄를 모르는 죄도 용서해 주시고 눈이 멀어 보지
못한 죄도 용서해 주시옵소서.

거룩한 반열로 들어가는 회개 기도를 한 후에 "나는 이 정도까지
회개 기도를 했어." 라고 하는 회개 속에 숨어 있는 자기의가
있습니다.

스스로에게 부여하는 숨겨진 자기의를 예수님의 보혈로 용서해
주시옵소서.

입으로 말하지 안 했을 뿐 내 마음속 깊은 곳에 있는 원망과
불평을 용서해 주옵시고 숨어 있어서 보이지 않았던 더러운
자아가 지은 모든 죄를 보혈로 보혈로 깨끗하게 씻어 주시옵소서.

하나님 나를 살려 주시옵소서.
하나님 나를 긍휼히 여겨 주시옵소서.

눈에 보이지 못하고 귀에 들리지 못하는 내면 속에 거하는 모든
자기의와 속임을 용서하여 주시옵소서.

나타내고 싶고, 인정 받고 싶고, 뽐내고 싶은 자기의를 입은
거짓 자아의 영은 예수 그리스도의 이름으로 명하노니 예수님의
보혈로 새 영을 입을지어다.

순전하게 정직하게 자기없음의 모습으로 살아갈지어다.

생각과 귀와 마음을 선동질하는 칭찬과 인정의 영들아 예수님의

이름으로 명하노니 저 깊은 무저갱으로 던져질지어다.

내 귀를 간지럽히고 마음을 간지럽히는 칭찬의 영들아 너희들이

주는 죄의 잔을 그리스도의 이름으로 거절한다.

네 것을 가지고 다시는 내 앞에 나타나지 말지어다.

예수 그리스도의 이름으로 명하노니 완전히 산산조각 날지어다.

하나님, 십자가에 못 박힌 자기없음의 상태로 살게 하여

주시옵소서.

내가 서고 싶은 생각으로 멈추고 내가 가고 싶은 곳으로 가는

불순종을 버리게 하여 주시옵소서.

주인이 원하는 것이 무엇인지를 알고 순종만 하게 하여

주시옵소서.

궁궐이든 헛간이든 길거리든지 주인만 따라가는 개와 같은

충직함으로 살게 하여 주시옵소서.

누추한 곳에 주인과 함께 누워 있어도 거기에 주인만 계신다면

모든 것이 만족이요 기쁨이 되기를 원합니다.

"나는 다르다." 그것을 알리고 싶어 하는 자기의를 보혈로

용서하여 주시옵소서

사람들이 칭찬하면 "아니에요."라는 말 속에 숨어 있는 더러운
자기의를 용서하여 주시옵소서.

겸손해 보이는 듯한 거짓과 거룩해 보이는 듯한 속임이 나를
짓누르고 있습니다.

주의 일을 하고 난 후 어느 것 하나라도 입술로 까먹지 않게 하여
주옵시고 생각과 마음으로도 까먹지 않게 도와주시옵소서.

생각의 파수꾼을 세워주시되 입술의 파수꾼은 더 단단히
세워주셔야 내가 살 수 있습니다.

생각 속에 스스로에게 영예를 심어주고 마음속에 스스로가
으쓱함을 녹여 놓는 미련한 자로 살지 않게 하여 주시옵소서.

항상 말씀으로 기도하고 수시로 말씀으로 기도하여 내 생각과
마음이 말씀과 성령의 힘에 의해 지배받아서 숨어 있는
자기의까지도 다 밀려 나가도록 도와주시옵소서.

나는 아무 능력이 없고 이렇게까지 처절하게도 악하고
연약합니다.

그러니 하나님께서 내 생각과 마음에 큰 지배권을 가지셔서 나를
다스려 주옵시고 그로 인해 입술과 눈과 귀와 손과 발도 우리
주님을 온전히 따르게 하여 주시옵소서.

기도와 말씀으로 채워 주시옵소서.

기도와 말씀으로 나를 다스려 주시옵소서.

기도와 말씀으로 영의 눈을 똑바로 뜨고 살게 하여 주시옵소서.

미련한 죄의 덫에 걸려 넘어지지 않게 하여 주시고 지극히 작은
죄라도 적을 알아볼 수 있는 눈을 주시옵소서.

내 귀와 생각과 마음을 흔들어대는 감사는 마귀가 주는
대접입니다.

내 귀와 생각과 마음을 흔들어대는 칭찬은 마귀가 주는
대접입니다.

내 귀와 생각과 마음을 흔들어대는 자기의는 마귀가 주는
대접입니다.

스스로에게 주는 뿌듯한 생각은 마귀가 먹여주는 죄의
사탕입니다.

스스로에게 주는 으쓱하는 감정은 마귀가 먹여주는 죄의
쓴뿌리입니다.

스스로에게 주는 존경의 욕구는 마귀가 먹여주는 달콤한
유혹입니다.

자기 자신에게 건네주는 높임 받는 상상은 마귀가 내 생각 속에
넣어주는 독입니다.

사람들로부터 찾아오는 돈과 명예는 귀신이 가져다주는 육신의

정욕이요 이생의 자랑입니다.

내 자아의 세계는 우상의 세계인 것을 알았사오니 자신에게

집중하는 삶을 살지 않게 하여 주시옵소서.

성령의 강한 채찍질로 내 자아를 쳐서 부러뜨려 주시옵소서.

나는 주님 없이는 아무것도 할 수 없는 존재이고, 나약한 죄인인

것을 인정하고 살기를 원합니다.

성령께서 내 영혼을 잡아 주시고 나를 주의 뜻대로 말씀의 길로

인도하여 주시옵소서.

오직 주님만을 의지하고 우리 주님과 함께 십자가에 못 박아 더욱

깨끗하고 온전한 속사람으로 새롭게 거듭나게 해주실 예수님의

이름으로 기도합니다. 아멘 아멘 아멘.

자기의 죄를 숨기는 자는 형통하지 못하나

죄를 자복하고 버리는 자는 불쌍히 여김을 받으리라 잠 28:13

자기의를 없애는 기도

내가 나 된 것은 전부 다 하나님의 은혜로 된 것입니다
내게 주신 주님의 은혜가 헛되지 않습니다 아멘 고전 15:10

주께서는 내가 앉고 일어섬을 아시고 멀리서도 나의 생각을 밝히
아시는 하나님이십니다.

나의 모든 길과 내 모든 행위를 살펴 보셨으므로 내 마음과 뜻을
익히 아실 줄 믿습니다.

예수님의 이름으로 올려 드리는 이 기도가 하나님을 영화롭게
하기를 원합니다.

내가 범사에 주님을 인정하오니 나의 길을 밝혀 주시옵소서.

내 마음을 담아 여호와를 신뢰하고 내 경험을 의지하지
않겠습니다.

"내 영혼아 여호와를 의지하라 그는 네 도움이시요
네 방패시로다"

오늘도 하나님의 말씀을 내 마음에 두고 살아갑니다.

주님이 나의 보화가 되시며 일만의 스승이 되어 주시옵소서.

내 영혼이 하나님을 기뻐하며 하나님께로 얼굴을 향합니다.

나는 없고 오직 예수님의 모습으로 살기를 원합니다.

나의 의는 없고 하나님의 의만 있기를 원합니다.

무슨 일을 하든지 하나님이 나의 심장을 살피시고 나의 폐부를
시험하여 주시옵소서.

주께서 내 마음을 시험하시고 일하는 중에 나에게 오시어서 나를
감찰하셨으나 드러냄의 흠을 찾지 못하셨기를 간절히 원합니다.

영화로우신 보좌여 시작부터 하나님의 의가 나를 지배하도록
이끌어 주시옵소서.

사람들에게 인정받고자 하는 작은 마음조차도 하나님께 올려
들려서 온전한 마음과 기쁜 뜻으로 섬기게 하여 주시옵소서.

내가 약한 그 때에 하나님이 강함 주셔서 나를 더욱 온전해지도록
도와주셔야만 합니다.

하나님이 내 혀의 말을 알지 못하시는 것이 하나도 없사오니 내
마음의 동기도 함께 살펴보시옵소서.

주께 자원하여 일하고 마음으로 모든 것을 즐거이 드리게 하여
주시옵소서.

주께서 복음의 일을 하고 있는 나의 앞뒤를 둘러싸시고 내게
안수해 주시니 내 영혼이 푸른 초장 위에서 새 힘을 얻게 됩니다.

주께서 나를 살펴보셨으므로 나를 주의 처소로 인도해

주시옵소서.

내가 무엇을 하든지 어디로 가든지 주를 따르겠습니다.

내가 어디로 보냄을 받든지 주님의 뜻을 이루게 하여 주시옵소서.

먹고 마시며 행하는 모든 일을 다 하나님의 영광을 위하여

하겠습니다.

한 마디의 말과 한 가지의 행동에서도 다 주 예수님의 이름으로

하고 주를 힘입어 하나님 아버지께 감사하겠습니다.

나의 순종이 항상 있게 하여 주님의 이름이 거룩히 여김을 받게

해주시옵소서.

나의 기도가 하늘의 상급이 되어 주님의 뜻을 이루고 땅에서도

복음의 뜻을 이루는 영광된 기도가 되기를 원합니다.

하나님이 나로 말미암아 영광을 받으시겠다면 무엇이든지

주저하지 않겠습니다.

하나님이 나로 인하여 기뻐 받으시겠다면 그 어떤 것도 나를 막을

수는 없습니다.

주님 앞에서 망설임과 뒷걸음치는 것이 사라지고 없어지게 하여

주시옵소서.

하나님이 나에게 분부한 모든 것을 지극히 작은 것에서부터 큰

것에 이르기까지 단 하나도 놓치지 않고 지키게 도와주시옵소서.

하나님의 영광을 모든 사람들에게 비추게 하여 등경 위에
두는 동안 내 의가 일점도 없게 하여 주시고 그 어떤 것이든지
하나님의 영광을 가로채지 않게 도와주시옵소서.
모든 일에 모든 착한 일을 넘치게 하여 주시되 그 자리에 나의
이름이 없기를 간구합니다.
내가 입은 말씀의 빛이 사람들 앞에 비치게 하여 나의 착한
행실을 보고 그들이 오직 살아 계신 하나님께만 영광을 돌리도록
주께서 이끌어 주시옵소서.
무엇을 하더라도 오른손이 하는 것을 왼손이 모르게 하려는
마음의 중심을 가지고 나의 의는 조금도 드러나지 않게
도와주시옵소서.

나의 의가 아니라 하나님의 의로 생각하고 행하기를 원합니다.
그리하여 심판대 앞에서 불로써 나의 공적이 시험 받을 때 그대로
있게 하사 온전한 상을 받게 하여 주시옵소서.
하나님의 말씀 위에 세운 공적이 되어 어느 것 하나 불로써
불타지 않도록 주께서 내 생각과 마음을 붙잡아 주시옵소서.
나의 행실로 하나님의 영광을 사람들에게 보게 하여 주시되
그들이 썩어 없어질 나에게는 집중하지 않도록 도와주시옵소서.
복음의 일을 천 가지를 해놓고도 한 가지도 주님 앞에 인정받지

못하는 나의 앞서감을 버리고 단 한 가지 일을 하여도
우리 주님께 백 배로 인정받는 온전한 동행이 되기를 원합니다.

사랑하는 주님, 그의 나라와 의를 위하여 생각하는 것마다
하나님의 금인장이 찍히게 하여 주시옵소서.
그리스도의 마음을 고이 담아 영혼들을 바라보고 행하는 모든
것들이 하나님의 금인장으로 인정받는 가장 아름다운 동행이
되기를 원합니다.
예수님의 손을 꼭 붙잡고 동행하고 동행하고 동행하기를 간절히
간구합니다.
하나님의 뜻대로 하게 된 이 일들이 나로 얼마나 사모하게 하는지
주께서 다 아시나이다.
일체 내 자신의 마음을 깨끗하게 주님 앞에서 나타내고 살기를
원합니다.
내가 하나님의 열심으로 복음을 위해 열심을 내게 하시되 오직
말씀의 법대로 경기하여 승리자의 관을 얻게 해주시옵소서.
어린아이같이 아주 작은 것도 주님께 물어보고 계속 기도로
대화하며 온전히 하나된 마음으로 주의 일을 하게 해주시옵소서.
그리하여 전적으로 하나님을 의지하고 신뢰해서 내 모든 것을
맡기는 삶을 살기를 원합니다.

나에게 있어 가장 큰 기쁨은 오직 하나님께만 인정받는 것입니다.

내 교만의 도성이 주님과 함께 걸어가면 의의 도성이 될 수

있습니다.

내 정욕의 길도 주님과 함께 걸어가면 의의 길로 바꿔 주실 것을

믿습니다.

주님의 일을 하다가 자기 의가 생기면 멈추겠습니다.

사람들을 의식하여 행한 모든 것은 하나도 인정받지 못함을

기억하여 기도로 마음을 추스르겠습니다.

주의 일을 하는 동안에도 "주님, 이거는 어떠세요?" "이렇게 하는

것을 하나님이 원하세요?"

"주님이 기뻐하시는 합당한 노력과 섬김이 되길 원해요."

주님과 동행하는 기도를 올려 드리면서 진행하겠습니다.

마음에 거리낌이 있으면 멈추고 마음에 기쁨이 있으면

전진하겠습니다.

잘못된 것이 있으면 곧바로 영의 기도로 회개하고 온전한

마음으로 다시 시작하겠습니다.

주님의 복음을 준비하는 동안 내 의가 올라오면 말씀으로 멈춰

주시옵소서.

하나님의 의를 모르고 자기의를 세우는 것은 하나님의 의에

순종하지 않는 것입니다.

내가 하는 모든 것이 하나님의 의를 이루기 위한 마침이 되게

해주시옵소서.

아무리 하나님께 열심이 있어도 마음의 중심이 올바르지 않으면

즉시 멈추겠습니다.

나의 열심이 아니라 오직 하나님의 열심으로 살게 해주시옵소서.

내가 심는 것이 아니라 하나님이 친히 심어 주시옵소서.

내가 가는 것이 아니라 하나님이 나와 함께 동행하여 나아가는

것입니다.

내가 만든 복음을 버리고 하나님이 주신 복음을 위해 살겠습니다.

무익한 종이 하여야 할 일을 한 것뿐이라는 말씀을 꼭 기억하고

일하겠습니다.

종은 그저 종처럼 살다가 종의 신분으로 주님 앞에 서기만을

간구합니다.

종이 주인의 이름으로 주인 노릇 하지 않도록 더욱 나를 낮추고

겸손의 끈을 동이고 살게 해주시옵소서.

나의 나 된것은 다 하나님의 은혜입니다.

내가 무엇인가를 한다고 하여 내 자신이 주인인 것처럼 여기는

교만을 버리게 하여 주시옵소서.

종은 종답게 주인이 시키는 일만 하면 됩니다.

내가 예수님을 사랑하여 하는 모든 일은 내가 하는 것이 아니요

오로지 주님께서 하시는 것임을 고백합니다.

나는 빠져 있고 오로지 주님만 영광 받으시길 원합니다.

나의 수고가 많이 있을지라도 이 모든 것을 이루시는 것은

전적인 하나님의 은혜입니다.

그러니 시작도 예수님이요 마침도 오로지 예수님이 되게 하여

주시옵소서.

나와 함께하신 하나님의 은혜로 오늘을 살아갑니다.

사랑합니다 나의 예수님!

존경합니다 나의 영원한 여호와 하나님!

내 모든 기도의 고백이 그리스도의 옷이 되어 내 삶 가운데

아름답게 수놓아 주실 예수님의 이름으로 간절히 기도합니다.

아멘.

나는 알파와 오메가요 처음과 마지막이요 시작과 마침이라 계 22:13

하나님께서 심으시는 기도

예수께서 대답하여 이르시되 심은 것마다
내 하늘 아버지께서 심으시지 않은 것은 뽑힐 것이니 마 15:13

황금빛 찬란한 천국집을 믿음으로 소망합니다.

불쾌한 말은 화평한 예배로 바꿔낼 수 있는 팔복의 능력을
주시옵소서.

불의의 것은 의의 것으로 바꿔내는 믿음을 원합니다.

하나님의 말씀을 내 삶에 눈물로 수놓아 수를 헤아릴 수 없는
가장 빛나는 천국의 반열을 사모합니다.

예수님의 보혈을 생명으로 마십니다.

성령의 생명수를 영의 음료로 마십니다.

성령의 능력이 내 배에서 생수의 강이 되게 하여 주시옵소서.

생명수 강에서 내 영이 살아나게 되니 기뻐합니다.

예수님의 피와 살을 내 영이 먹게 되니 더욱 강건해집니다.

어찌나 잘 먹는지 너무나 어여쁘게 먹고 있습니다.

보혈의 피가 내 온 몸에 임하기를 원합니다.

보혈 보혈 보혈 보혈을 내려 주시옵소서.

성령 성령 성령의 불, 성령의 불로 불로 불로 임재하여
주시옵소서.

성령의 불이 불이 불이 임하여 주시옵소서.

불의 사람이 되게 해주시옵소서.

영의 사람이 되기를 간구합니다.

영의 몸이 영의 것, 영의 말씀을 입고 살기를 원합니다.

마음에 있는 악한 생각과 미움과 거짓을 예수님의 보혈로 깨끗이
용서하여 주시옵소서.

내 마음밭에 말씀이 심겨져서 믿음의 뿌리를 내리고 믿음의 꽃을
피워 열매를 맺게 하여 주시옵소서.

내 마음밭에 말씀이 심어져서 사랑의 뿌리를 내리고 사랑의 꽃을
피워 열매를 맺게 해주시옵소서.

예수님이 오신 것은 섬김을 받으려 함이 아니라 도리어 섬기려
하시고 자기 목숨까지도 아끼지 않으셨습니다.

나의 삶도 예수님의 삶을 그대로 이어받아 섬기는 삶을 살게 하여
주시고 주님을 위하여 내 목숨도 아깝지 않게 드릴 수 있는 삶을
살아내게 도와 주시옵소서.

섬기는 자가 천국에서 큰 자임을 믿고 누구든지 예수님을 대하듯
섬기게 도와주시옵소서.

주님께 자격을 얻은 자는 주님의 모습 그대로 따라 사는
자입니다.

어떤 억울한 일과 슬픈 일이 생겨도 감사하기를 원합니다.
내가 고난을 받게 되면 나의 주님도 나와 함께 고난을 동행해
주시니 더욱 감사하고 기뻐하게 하여 주시옵소서.
그리스도의 고난에 참여하게 됨을 기뻐하고 감사하게
해주시옵소서.

그의 나라와 의를 위하여 전부를 걸어 심령이 가난한 자의 삶을
살게 해주시옵소서.
모든 말씀을 이 땅에서 순종하고 행하여 행함의 흔적이 남을 수
있도록 도와주시옵소서.

천국에 입성할 때 금빛 정금길을 거닐게 될 영광을 얻어 나의
주님과 함께 걷는 완전한 상급자의 자격을 주시옵소서.
천국에 입성할 때 땅에서 주님과 동행한 온전한 나의 삶을 보시고
하나님이 보좌에서 일어나셔서 맞이해 주는 가장 사랑받는
제사장이 되게 하여 주시옵소서.

내가 너무 입고 싶은 옷을 사려다가도 비싸서 망설이는 동안
내 주변에 있는 사람의 옷이 낡은 것을 기억하면 그 옷을 사서
주님의 시선이 머무르는 작은 소자에게 입혀지길 원합니다.

이러한 삶을 살은 자가 천국에 입성할 때에는 가장 아름다운 성이
상급으로 기다리고 있음을 기억하게 하여 주시옵소서.

그러기 위해서는 무엇보다 말씀 안에서 마음을 바르게 먹고
가지런하게 예수님의 이름만 더 높임을 받으시도록 이 땅에서
마음껏 영광 돌리는 삶이 되게 하여 주시옵소서.
모든 것을 창조하신 하나님은 빛나고 거룩한 천사들의 목전에서
거룩하다 거룩하다 거룩하다 찬양을 받으시는데 이 땅에서
주님의 영광을 일점도 가로채지 않게 해주시옵소서.

거룩한 영광과 예배에 목마르신 우리 주님을 위하여 가장 시원한
얼음냉수 같은 겸손을 예배로 올려드립니다.
내가 없는 겸손을 올려드릴 때에 오직 예수님의 이름만 거룩한
향기 가운데 높임을 받으시고 기뻐하실 줄 믿습니다.

메마른 광야에서 예수님의 마음으로 사랑하게 될 때 우리

예수님은 사랑의 잔을 마시면서 기뻐하실 것입니다.

사랑의 본체이신 하나님이 내가 사랑할 수 없는 자를 사랑할 때

사랑이 가득 담긴 사랑의 잔을 마시며 기뻐하실 것을 믿습니다.

예수님께서 사랑의 갈증으로 입이 마르시고 목이 마르실 때

주인의 마음을 시원하게 만드는 얼음냉수가 되게 해주시옵소서.

용서의 본체이신 하나님이 내가 용서할 수 없는 것을 용서할 때

용서가 가득 담긴 용서의 잔을 마시면서 흐뭇해하실 것입니다.

예수님께서 용서의 갈증으로 입이 마르시고 목이 마르실 때에

주인의 마음을 시원하게 해드리는 충성된 종이 되게 하여

주시옵소서.

거룩의 본체이신 하나님이 내가 주 안에서 거룩한 삶을 살아갈

때에 거룩이 가득 담긴 거룩의 잔을 마시며 기쁨을 이기지 못하실

것을 생각하니 내 잔이 넘치나이다.

예수님께서 거룩의 갈증으로 "내가 목마르다" 말씀하실 때에

주인의 마음을 시원하게 해드리는 신실하고 거룩한 종이 되게

하여 주시옵소서.

약속을 가진 저는 하나님을 두려워하는 가운데서 거룩함을

온전히 이루어 세상 것에서 나를 깨끗하게 하겠습니다.

내가 사랑으로 행할 때에 우리 주님은 내 영과 함께 사랑의 잔을 마시고 사랑의 양식을 더하여 주실 것을 믿습니다.

내가 기뻐하고 감사할 때에 우리 주님은 내 영과 더불어 기쁨과 감사의 양식을 함께 드시며 더욱 기뻐하실 것입니다.

내가 온유하고 겸손할 때에 나의 신랑 되신 예수님은 내 영과 더불어 경건의 열매와 거룩한 양식을 함께 드시며 점도 흠도 없이 만들어주실 것입니다.

내 심령이 가난해지면 모든 것을 다 가진 예수님이 나의 영과 더불어 생명 나무의 열매를 함께 드시며 천국에서 가장 빛나는 보화 창고를 열어주실 것을 믿습니다.
나의 예수님이 친히 내 영과 매우 가까운 곳에서 기도의 양식을 함께 드시며 모든 죄를 이기고 다스릴 수 있는 권세를 주시옵소서.
죄와 싸우고 죄를 다스려서 죄를 이기게 하여 주시되 죄를 소멸할 수 있는 능력도 더하여 주시옵소서.

나는 없고 오직 주님만을 위하는 살아가는 순교자의 삶을 살게

해주셔서 천국에서 가장 좋은 것으로 예비해 주시옵소서.

내 정욕이 죽는 것이 믿음의 완성이요 사랑의 완성체임을
믿습니다.
내 고집이 죽는 것이 거룩의 완성이요 천국의 완성체임을
믿습니다.
내 자아가 사라지면 죄된 자아는 없어지고 완벽하신 주님이
일하십니다.
내가 십자가에서 죽는 것이 온전히 맡기고 승리하는 믿음의
반열이 될 수 있음을 믿습니다.
내가 죽으면 온전한 사랑을 이루고 복음이 완성되는 기쁨과
감사를 누릴 수 있습니다.

예수님 안에서 먼저 죽는 자가 가장 먼저 살게 될 것을 믿습니다.
예수님 안에서 자원하여 죽는 자가 가장 빛나는 천국을 차지하게
될 줄을 믿습니다.
예수님 안에서 기꺼이 죽는 자가 사도바울이 있는 사랑의 반열에
합당한 자로 여김을 받게 될 것을 믿습니다.
아멘 아멘 아멘.

이 기도문은 성령님의 감동으로 내 믿음과 결부하여 읽기 때문에
하나님이 직접 심으시는 하늘의 양식이 될 것입니다.

기도문을 믿음으로 읽을 때마다 이전보다 더 큰 하늘의 영광을
얻어 기쁨과 감사가 넘치는 삶이 되게 하여 주시옵소서.

주님은 내 마음의 중심을 보시는 정확한 하나님이십니다.
회개의 영을 내려 주셔서 주님이 원하시는 회개를 하게 하여
주시고 용서의 영을 내려 주셔서 주님의 방법에 합당한 용서를
하게 해주시옵소서.

예수님을 믿었을 때의 회개가 내 삶의 가치관을 통째로 바꾸는
것이었다면 예수님을 믿고 난 다음의 회개는 내가 가진
모든 것을 주님께 내어 드릴 수 있는 천인의 삶을 살 수 있게
도와주시옵소서.

가던 길의 방향을 완전히 바꾸는 것을 넘어서서 내가 할 수 있는
것뿐만 아니라 할 수 없는 것까지도 주님께 의지하여 믿음으로
보좌를 흔드는 침노를 할 수 있게 도와주시옵소서.

삭개오처럼 구원을 얻는 회개는 돈이 전부인 것에서 더 이상 돈의
의미가 없어지는 가치관의 변화를 원합니다.
나머지 가지고 있는 돈도 이제는 주님보다 중요하지 않는 거룩한
믿음을 주시옵소서.

지극히 작은 것에 충성하여 큰 것에도 충성 되기를 원합니다.
지극히 작은 것에 충성하기만 하여도 우리 주님은 열 고을
권세를 차지하는 영광을 주실 것입니다.
그러나 마귀는 지극히 작은 것에서부터 무너뜨리기 시작합니다.
작은 것을 열어주는 것은 마귀가 일하는 것을 허락하는 것이고
작은 것을 굳건히 지키고 충성하는 것이 말씀에 순종하는
것입니다.

작은 억울함의 문을 열어놓지 않겠습니다.
작은 상처의 문을 열어놓지 않겠습니다.
작은 억울한 감정을 품어 크게 만들어 놓지 않겠습니다.
작은 분노를 품어 크게 만들어 놓지 않겠습니다.
작은 죄를 품으면 스스로 큰 죄로 만들게 되고 그 죄에게 힘을
실어주는 가장 어리석은 죄를 짓게 되는 것임을 기억하겠습니다.

미련한 고집을 버리게 하여 주시옵소서.

미련한 완고함을 불태워 주시옵소서.

미련하고 어리석은 자아를 십자가에 매일같이 못 박아 나는 없고

오직 예수님으로 살게 해주시옵소서.

가장 난폭한 혈기 부림을 십자가에 단단히 대못으로 박아 나는

없고 온유와 겸손으로 살게 해주시옵소서.

비겁하고 궁색한 죄만 없으면 우리 주님은 하늘에 있는 신령한

것들로 가득가득 넘치게 채워 주실 것입니다.

끝까지 초라한 변명을 늘어놓는 내 죄만 버리면 나의 주님은

하늘의 보화와 상급으로 바꿔주실 것입니다.

죄된 자아만 없어지면 모든 문제는 다 해결되고 성령님이 내

안에서 거룩한 성전 삼아 영원토록 함께 하실 것이니 주께서 나를

가져가시고 새롭게 빚어 주시옵소서.

지금 와서 보니 쓰레기 더미에서 죄짓고 살면서 하나님께 영광

돌린다고 속이며 살아온 모든 죄를 용서해 주시옵소서.

경건의 모양만을 갖춘 어설프고 교만한 삶을 예수님의 보혈로

사하여 주시옵소서.

쉼 없이 기도하기 전의 내 삶이 너무 고집스럽고 자기의가

가득하게만 느껴집니다.

돌이켜보니 한없이 가볍게만 행동한 이 일들을 어찌하면

좋으리요.

이제부터는 작은 것 하나조차도 항상 기도하며 주님께 여쭙고

예수님과 함께 동행하는 삶을 살게 해주시옵소서.

죄의 쓰레기 더미에서 살면서 하늘의 넘치는 보화로 착각하며

살지 않도록 내 영안을 열어주셔서 분별하는 힘을 내려

주시옵소서.

나의 강점이 무기가 되게 하여 주시고 죄의 시작과 통로가 되지

않기를 원합니다.

억울한 감정이 생길 때 말하지 않는 것이 자기를 부인하는

것입니다.

말하고 싶어도 무언하고 성급히 움직이고 싶을때 행동하지 않는

것이 나를 십자가에 못 박고 말씀에 순종하여 자기를 부인하는

예배가 됩니다.

다른 사람의 상처된 말에도 반응하지 않는 것과 행동보다 기도가

앞서는 것은 자기없음의 삶입니다.

한마디 궁색한 말을 못 해서 억울해하고 못 참는 것은 나의
믿음을 떨어뜨린 후 어린아이의 신앙으로 돌아가게 만드는
것임을 기억하겠습니다.

어떤 일이 있어도 의의 상속자로서의 존영을 지키게 하여
주시옵소서.

어떤 상황이 와도 지금까지 쌓아 놓은 하늘의 공적을 아무것도
아닌 사소한 것에 빼앗기지 않게 해주시옵소서.

사소한 것에 목숨을 걸기에는 인생이 너무 짧고 하찮은 것에
기쁨을 빼앗기기에는 오늘이 너무 소중함을 기억하겠습니다.
아무리 죄를 짓고 용서받는다고 할지라도 죄를 짓는 동안 하늘의
보화를 쌓을 수 있는 기회는 그 순간 떠나가고 잃어버리게
됩니다.
이미 잃어버린 시간과 상실한 기회는 영원히 되찾을 수가
없습니다.
가장 지혜로운 자가 되어 매 순간 흘러가는 시간을 놓치지 않게
도와주시옵소서.

아침에 나갔다가 저녁에 들어오면 주머니에 있는 모든 것을 다
꺼내놓고 섬기는 삶을 살게 해주시옵소서.
원망과 불평을 꺼내놓고 세상적인 정욕을 꺼내 놓고 내 주머니에
있는 옥합을 꺼내 놓는 최고의 삶을 살게 도와주시옵소서.
세상을 살면서 죄가 되는 모든 것을 십자가 앞에 다 꺼내놓아야만
합니다.
그러므로 후회되는 말과 행동을 처음부터 하지 않게
도와주시옵소서.
내 마음속이 빈 주머니가 될 때까지 다 꺼내놓고 살기를
원합니다.
꺼내놓은 만큼 하늘의 은혜가 부어지고 채워질 것을 믿습니다.

식탁에 오를 그릇의 마지막 준비는 깨끗해지는 것입니다.
하늘에 오를 그리스도인의 마지막 준비도 정결해지는 것입니다.
오늘도 깨끗한 마음과 생각을 가지고 나의 행동이 정결한 삶이
되게 하여 주시옵소서.
나의 더러운 옷을 벗게 하여 주시고 나의 죄악을 제거해 주셔서
내게도 가장 아름다운 옷으로 입혀주시옵소서.
깨끗하고 정결한 면류관을 내 머리에 씌워주시옵소서.

정결한 관을 화관같이 내 머리에 씌우시고 아름다운 옷을 입고

신랑 되신 예수님을 맞이하는 은혜를 주시옵소서.

기다리며 소망하고 사모합니다 나의 예수님!

하늘에서 받은 면류관을 겸손히 벗어 다시 올려 드리고 싶은

나의 주 예수님의 이름으로 간절히 기도합니다. 아멘

주의 이름으로 오시는 왕이여 하늘에는 평화요

가장 높은 곳에는 영광이로다

눅 19:38

보혈과 성령이 오시는 기도

하나님이 말씀하시기를
말세에 내가 내 영을 모든 육체에 부어 주리니 행 2:17

예수님의 보혈이 오고 계십니다.

예수님의 보혈이 내 마음 안에 들어오고 계십니다.

예수님의 피가 내 마음을 덮고 있습니다.

나의 영혼이 예수님의 보혈을 먹고 강건해지고 있습니다.

예수님의 보혈을 먹은 내 영혼이 살아났습니다.

예수님의 보혈은 영원히 목마르지 않는 나의 샘물입니다.

피의 권세로 모든 죄를 다스리고 이기고 승리할 수 있음을
믿습니다.

피의 권세를 받아 내 생각과 마음이 신성한 성품에 참여할 수
있게 되었습니다.

성령의 불이 오고 계십니다.

성령의 불이 내 마음 안에 들어오고 계십니다.

성령의 불이 내 마음을 덮고 있으십니다.

성령의 불이 내 마음에 기둥이 되고 내 삶에 기둥이 되어
주셨습니다.

나의 영혼이 성령의 생명수를 먹고 강건해졌습니다.

성령의 생수를 먹은 나의 영혼이 살아났습니다.

보좌로부터 내려오는 생명수는 영원히 목마르지 아니하는 나의
생수임을 믿습니다.

보혈의 생수를 마시는 자는 죽어도 살겠고 살아서 먹고 마시는
자는 영원히 죽지 않을 것을 믿습니다.

광야가 변하여 못이 되게 하시며 마른 땅이 변하여 샘물이 되게
하여 주시옵소서.

성령의 임재로 내 배에서 생수의 강이 흘러 넘치게 하여
주시옵소서.

내 입술을 쳐서 복음의 샘물이 나오게 하시며 내 손과 발을 쳐서
섬김의 생수가 나오게 도와주시옵소서.

내 안에 있는 보혈의 샘물이 나의 삶 밖으로 흘러 넘치게 하여
주시옵소서.

주리거나 목마르지 아니할 보혈의 근원이신 예수 그리스도를
내가 믿습니다. 아멘. 아멘.

내 속에서 영생하도록 솟아나는 예수님의 보혈을 먹고 마십니다.

말씀이 성령으로 임하사 목마른 나를 생명수 물가로 인도해
주시옵소서

나의 심령에 보혈의 대로를 만들어 주시옵소서.

성령의 생기가 나의 생각과 마음을 다스려 주시옵소서.

썩어 없어질 나의 감정이 불로써 소멸되기를 원합니다.

내 모든 상한 감정이 생명수 강가에서 흔적도 없이 사라져
없어지기를 간구합니다.

나의 기분과 감정이 보혈의 피로 맑게 해독되어 온전한 속사람이
될 수 있도록 은혜를 내려 주시옵소서.

나의 억울함과 서운한 감정이 보혈의 피로 씻기어 깨끗한 본연의
모습이 될 수 있도록 인도해 주시옵소서.

이제는 화를 못참고 내 감정에 넘어지고 내 기분의 덫에 걸려 죄
가운데 애통해 하지 않기를 원합니다.

내 기분과 감정을 만져서 나를 넘어 뜨리는 성냄과 분노의 영들아
창조주 예수님의 이름으로 명하노니 영원히 떠나갈지어다.

예수그리스도의 이름으로 명하노니 하나님이 주신 나의 평안과
평강을 가져오고 네 것을 가지고 무저갱으로 던져질지어다.

내 속에 있는 조급함의 영들아 사망과 음부의 열쇠를 가진
예수님의 이름으로 명하노니 무저갱으로 떠나갈지어다.
내 입술에 있는 신경질 부리는 감정의 영들아 예수 그리스도의
이름으로 명하노니 네 것을 가지고 나에게서 떠나갈지어다.
내 입술에 짜증섞인 말을 만들어 내 마음을 흔드는 사망의
영들아 죽음의 권세와 사망을 이기시고 마귀를 멸하신 예수님의
이름으로 명하노니 보혈의 능력으로 소멸될지어다.

나의 감정은 창조주 하나님의 것이다.
너희는 만지지도 쳐다보지도 못할지어다.
만지는 순간 보혈의 피가 너희를 소멸시킬 것이요 쳐다보는 순간
너희들은 전멸될 것을 선포하노라.
나는 하나님께 순종하고 복종하여 너희 악한 영들을 대적한다.
악한 영들아 한 길로 왔다가 열 길로 흩어질지어다.
내 안에는 성령의 불기둥이 화염검이 되어 나를 지켜 주시는
여호와 하나님이 계신다.
내 감정의 왕, 내 기분의 왕, 내 마음의 왕이신 하나님이 너희
악한 영들을 꾸짖으신다.
엄히 책망하노라.
하나님의 전신 갑주를 입고 마귀의 간계를 능히 대적하여 이기게

도와 주시옵소서.

마귀가 우는 사자 같이 두루 다니며 삼킬 자를 찾고 다녀도 성령 안에서 두려워하지 않겠습니다.

근신하고 깨어 기도하여 항상 주님과 동행하기를 원합니다.

보혈의 권세와 성령의 능력이 나와 늘 함께 하게 도와 주시옵소서.

하나님의 말씀은 살아서 역사하실 것입니다.

말씀이 살아서 나에게 말씀하여 주시옵소서.

말씀의 발이 나를 쫓아다니게 하시며 말씀의 손이 나를 붙잡아 주시옵소서.

말씀의 소리가 내 심령에서 울려 퍼지기를 원합니다.

하나님의 말씀이 세세토록 살아계신 능력이 되어 나에게 오고 계십니다.

활력이 있으신 말씀이 내 마음에 들어오고 계십니다.

하나님의 말씀이 불이 되어 내 마음에 새겨지고 말씀이 마음의 법을 이루고 있습니다. 아멘 아멘 아멘

다른 한 법이 싸워보지만 성령의 법을 이기지 못하고 죄의 법은 사라지고 소멸되고 있습니다.

하나님의 말씀이 좌우에 날선 검이 되어 내 마음에 상처를
도려내시고 싸매어 주고 계십니다.
의사이신 하나님이 상한 것과 터진 곳을 치유의 기름으로
부드럽게 만지고 계십니다.
발바닥에서 머리까지 성한 곳이 없던 내 속사람이 성령의 손으로
치유받아 강건해졌습니다.
새로 맞은 흔적뿐인 나의 숨은 사람은 깨끗하게 치유 받았음을
믿습니다.
온전하게 회복된 나의 영이 기뻐하고 있습니다.

내 머리를 병들게 하고 온 마음은 피곤하게 만든 저주의 영들아
예수님의 보혈로 명하노니 내 생각과 마음에서 떠나갈지어다.
죄된 감정이여, 내 안에 이기심이여, 들을지어다.
창조주 여호와 하나님이 너희들을 꾸짖으신다.
속히 나에게서 떠나가라 사라져라 없어질지로다.
나는 생명의 주인이신 하나님께 속한 자녀요 영원한 생명을 얻은
의의 상속자로다.
이제는 너희들의 속임에 속지 않을 것을 선포하노라.
보이지 않던 너희들의 실체가 드러났노라.
슬피 울며 이를 가는 미련한 존재들아 성령의 불로써

소멸될지어다.

예수 그리스도의 이름으로 명하노니 너희들의 손과 발은
묶여질지로다.

바깥 어두운 데로 내던짐을 받은 어둠의 영들아 음부의 권세를
쥐고 계신 예수님의 이름으로 명하노니 지금 즉시 사라질지어다.

하나님 아버지, 악한 영들이 떠나갔사오니 구부러진 나의 마음을
곧게 하여 주시옵소서.

구부러진 나의 입술이 온전하게 펴지기를 원합니다.

남에게 상처주는 내 입술의 칼이 부러졌습니다.

남에게 화내는 내 입술의 채찍이 끊어졌습니다.

이 모든 은혜는 눈물이 핏물이 되도록 나를 위해 중보하고 계시는
예수님의 공로임을 목소리 높여 선포합니다.

그리스도를 나의 구원자와 나의 의사로 영접하여 내 속사람의
상한 곳을 다 치유받도록 만져 주시옵소서.

예수님을 나의 생명으로 믿고 영원한 치유자로 믿었기 때문에 내
겉사람의 아픈 곳을 다 치유 받았습니다.

나의 겉과 속을 만드신 창조주 의사께서 내 속사람과 겉사람을
만지시니 처음처럼 온전해졌음을 선포합니다.

만지시고 싸매시고 기름으로 바르신 주님이 나의 여호와
하나님이심을 믿습니다.

그분이 나의 목자가 되어주시니 푸른 풀밭이 나의 영원한 만나요
쉴 만한 물가가 나의 샘물이 되었습니다.

내 영혼을 소생시켜 주신 하나님이 그 분의 이름을 위하여 의의
길로 인도해 주실 것입니다.

때때로 내가 사망의 음침한 골짜기를 다닐지라도 해를 두려워
하지 않을 것은 주께서 나와 함께 하실 것을 믿기 때문입니다.

주의 말씀과 성령의 검이 나를 안위하시고 계십니다.

성령의 기름을 내 머리에 부어 주셨으니 내 심령의 잔이 넘쳐
흐릅니다.

내 평생에 선하심과 인자하심이 나와 함께 영원히 있게 하여
주시옵소서.

하나님의 말씀이 내 영과 혼을 찔러 쪼개서 의사이신 주님이
내 영과 혼을 더욱 새롭게 하여 주시옵소서.

하나님의 말씀이 관절과 골수까지 충분히 꿰뚫으시고 파고들게
하사 내 관절이 새 힘을 얻고 내 골수가 그리스도의 보혈로
가득차게 하여 주시옵소서.

아버지의 말씀을 따릅니다.

세상과 더불어 더럽하지 아니하고 예수님이 어디로 인도하든지
따라가는 삶을 살고 싶습니다.

저는 처음 익은 사랑의 열매로 하나님과 우리 주님께 속한 자로
살고 싶습니다.

하나님을 따르는 삶이 나의 순결한 모습이 되게 하여 주시옵소서.

죄와의 싸움은 싸우기 시작하는 그 시간에 결정되지 않습니다.

평소에 살아가는 오늘을 어떻게 기도의 시간을 보냈는가에 따라
죄와 싸워서 이길 수 있음을 기억하고 살겠습니다.

그러므로 성령 안에서 깨어 기도하며 오늘을 성령의 기름으로
채워 놓아야만 죄를 다스리고 이길 수 있음을 믿습니다.

나에게는 말씀의 채찍을 들어 엄히 다스리게 하여 주시고 주변
사람들에게는 사랑의 손길로 관용하며 살게 해주시옵소서.

없는 것을 있게 하시는 하나님, 나에게 온전한 사랑과 겸손을
주시옵소서.

온전히 하나님을 사랑하고 영혼들을 섬기는 마음으로 살기를
원합니다.

나의 입술이 기도로 장식된 제단의 불이 되게 하여 주시옵소서.

하늘로부터 내려오는 사랑과 기쁨의 마음을 주시옵소서.

하나님의 사랑과 평안이 가득한 위로의 기름이 내 심령 안에
부어지기를 원합니다.

나의 마음을 열어드리오니 마음껏 부어 주시옵소서.

신실하게 일하시는 하나님의 증거가 내 삶의 복음의 열매로
나타나기를 원합니다.

내 영혼아 성령의 깊은 감동을 맛보아 알지어다.

내 겉사람아 살아 있는 기도의 능력을 맛보아 알지어다.

열방의 영혼들을 하늘의 백성으로 받으시고 그 소유가 땅끝까지
이르게 하여 주시옵소서.

주께서 나를 위하여 하늘의 보고를 여사 만국에 있는 영혼들을
살리는 은사를 허락해 주시옵소서.

그러기 위해서는 욕심의 짐을 버릴 수 있도록 도와주시옵소서.

나의 시간을 하나님의 제단 위에 올려 드리는 삶을 살기를
원합니다.

지극히 작은 죄도 판가름하는 영의 눈을 가지고 살기를
간구합니다.

내 고난의 부르짖음이 기쁨의 함성으로 바뀌도록 성령께서
간섭해 주시옵소서.

단 하루도 거르지 않는 영의 기도로써 하나님의 승리를 얻게

해주시옵소서.

하나님의 나라와 죽어가는 영혼들에 대한 중보자로 살기를
간구합니다.

하늘의 중보자는 기도를 통하여 모든 만민에게 보혈의 생명수를
흘려보낼 수 있는 막강한 특권이 있음을 믿습니다. 아멘

하나님의 손 안에서 언제나 신실하게 기도하며 살기를 원합니다.

하나님은 나의 기도를 통하여 일하시고 나를 도우십니다.

죄를 이길 능력은 기도에 달려 있습니다.

내 겉사람의 순종으로 내 속사람이 영광스러운 반열에 오르기를
원합니다.

나는 항상 주님의 뜻 가운데에서 살기를 간구합니다.

할렐루야를 외치는 승리의 면류관이 나의 것이 되게 하여
주시옵소서.

성령의 채찍으로 먼지처럼 나를 낮추게 도와주시옵소서.

하나님이 나를 낮춰주셔야만 그것이 참 겸손이 될 수 있음을
믿습니다.

마귀가 나의 죄된 습성을 이용하여 영혼들을 해롭게 하며 살지
않도록 붙잡아 주시옵소서.

성령의 힘으로 나에게 있던 죄들이 하나하나 나가 떨어지도록
더욱 강하게 임하여 주시옵소서.
성령의 불 불 불 불을 원합니다.
예수님의 보혈 보혈 보혈을 믿음으로 마십니다.
죄를 완전히 버려서 마귀가 더이상 버릴 수 없게 만들기를
간구합니다.
살아계신 하나님을 의지하여 죄를 찍어버리는 능력을
주시옵소서.

죄사함과 영생을 선물로 주신 예수님을 찬양합니다.
보혈의 능력이 내 머리 위에 임하기를 원합니다.
보혈과 성령으로 무장하고 귀신에 대적하여 악한 죄와 싸워
승리할 수 있도록 성령의 권능을 덧입혀 주시옵소서.
예수님은 사망의 세력을 잡은 자 마귀와 싸워 통쾌히
이기셨습니다.
죽음의 공포가 예수님의 피로 떠나가게 하여 주시옵소서.
하나님의 말씀을 믿음과 소망으로 살게 해주시옵소서.
내 안에 계신 성령이 죽음보다 무조건 강하심을 믿습니다.
성령님은 완전한 승리자이심을 내 영으로 선포합니다.
모든 계획은 하나님의 말씀을 믿는 순간 세워질 것입니다.

은과 금이 다 주님의 것입니다. 그러므로 하나님은 나의 모든
필요한 것을 채워주실 것을 믿습니다.

주머니에 아무것도 없을지라도 마치 모든 것을 가진 것처럼
믿음으로 전진할 수 있도록 힘을 더하여 주시옵소서.

믿으면 믿을수록 믿음의 역사가 모든 곳에서 일어나기를
원합니다.

순종하면 순종할수록 순종의 역사가 모든 곳에서 하나님의 의로
나타나고 하나님의 나라로 세워지기를 간구합니다.

사랑하면 사랑할수록 사랑의 능력이 회개와 용서를 이루게 하여
주시옵소서.

겸손으로 나를 낮추면 낮출수록 하늘에서는 나의 부활된 영체가
더욱 영광스러운 모습으로 변화될 것을 믿습니다.

그러므로 나의 겉사람은 낡아지고 있어도 나의 속사람은 날이
갈수록 더욱 새로워지고 있음을 믿습니다.

내가 땅에서 잠시 동안 받는 환란의 경한 것이 하늘에서는 지극히
크고 영원한 영광 중에 이루어질 것을 사모합니다.

하나님 아버지, 내가 주목하는 것은 보이는 것이 아니요 보이지
않는 영원한 저 천국입니다.

잠깐 보이는 이 땅에서 보이지 않는 영원한 나라를 위하여 사는 것이 가장 큰 기쁨이요 지혜임을 믿습니다.

사람의 말로는 가히 이르지 못하고 표현할 길 없는 천국을 향해 나아갑니다.

하나님이 자기를 사랑하는 자들을 위하여 예비하신 모든 것은 눈으로 보지 못하고 귀로 듣지 못하여도 하나님의 신실하신 성령으로 느낄 수가 있습니다.

사람의 마음으로 생각하지도 못한 그 나라를 보혈의 권세로 상속 받아 영원토록 주님과 함께 살고 싶습니다.

하나님의 영광을 아는 생명의 맛을 내 마음에 비춰 주시옵소서.

내 마음의 질그릇 위에 심히 큰 하나님의 능력을 부어주셔서 가장 큰 믿음과 기쁨으로 가장 빛나는 영광스러운 것을 얻도록 힘을 더하여 주시옵소서.

나의 모든 능력은 하나님께 있고 나에게 있지 아니함을 인정합니다.

내가 사방으로 욱여쌈을 당하여도 담대하게 전진하겠습니다.

답답한 일을 당하여도 하나님이 살아계시니 낙심하지 않겠습니다.

세상에서는 박해를 받을지라도 버린 바 되지 아니할 것은 주께서

나의 손을 꼭 붙잡고 있음을 믿기 때문입니다.

이제 나는 거꾸러뜨림을 당하여도 망하지 아니할 것은

하나님의 영광이 내 머리 위에 있음을 확신하기 때문입니다.

내가 예수님의 죽음을 내 몸에 짊어지고 살아가는 것은 예수님의

생명이 나의 몸에 나타나게 하려 함임을 믿습니다.

살아있는 나는 항상 우리 주 예수님을 위하여 죽고 또 죽어

나를 주님께 넘겨 드림은 보혈의 생명이 죽을 나의 육체에

나타날 것을 확실히 믿기 때문입니다.

내가 믿었으므로 영생을 얻었고 내가 믿음의 마음을 가졌으므로

예수님이 나의 구원자가 되셨음을 선포합니다.

하나님의 은혜가 더하여 내 심령에 넘치도록 채워 주시옵소서.

지금 죽어야 영광된 부활이 있게 될 것입니다.

고난이 있어야 상급도 있게 될 것이고 칭찬과 존귀도 나의 것이

될 수 있습니다.

억울한 일이 있어야 그 억울함 당한 것을 갚아줄 기쁨의 상급도

있게 될 것이니 감사하며 살겠습니다.

지금의 눈물이 장차 기쁨의 단으로 거둘 수 있는 열매가 될 것을

믿습니다.

언약의 말씀을 굳게 믿고 슬퍼하지 않겠습니다.

어두웠던 것들이 빛으로 다 밝히 드러날 것을 기대합니다.

그러므로 성령으로 억울하고 슬프고 괴로움 당한 것이 장차

기쁨의 옷을 입고 영광의 면류관으로 바뀌게 될 것을 믿습니다.

이제는 억울하고 슬프고 괴로운 일이 생기면 낙심할 일이 아니라

기뻐하고 감사할 일임을 기억하게 도와주시옵소서.

그리스도 안에서 그의 나라와 복음 때문에 그런 것이라면 더더욱

감사하기를 원합니다.

기뻐하고 기뻐하겠습니다.

감사하고 감사하겠습니다.

예수님처럼 나를 내어 드리는 감사를 올려 드립니다.

하나님 아버지, 저는 자기부인의 순종만으로는 만족하지 않기로

했습니다.

진정 성령 안에서 내 자아가 완전히 사라진 자기없음의 영성을

간.절.히. 원합니다.

내가 없어야 그리스도께서 나를 다스리게 됩니다.

내가 사라져야 하나님의 영으로 채워지게 됩니다.

하나님이 죄가 될 수 있는 나의 모든 것을 가져 가시고 의가 될 수

있는 하늘의 것으로 바꿔 주시옵소서.

사라지는 만큼 채워지고, 없어지는 만큼 부어지게 하여

주시옵소서.

내 자아가 소멸되는 만큼 소생되게 하여 주시고, 죄된 내가
무너지는 만큼 다시 세워지도록 인도해 주시옵소서.

하나님, 기도에 집중하게 도와주시옵소서.

기도가 아니고서는 하나님의 뜻을 알 수도 없고 한 발자국도
나아갈 수 없습니다.

내가 하는 것이 아니요 하나님이 친히 심으시는 삶을 살고
싶습니다.

기도로써 나의 마음을 만져주시고 새 힘을 얻어 아름다운 거룩을
이루고 싶습니다.

내 힘으로 할 수 없음을 인정하오니 주께서 주시는 하늘의 힘으로
이루게 하여 주시옵소서.

죄의 법에 끌려가지 않고 생명의 법이 나를 지배할 수 있도록
도와주시옵소서.

인정 받고 존경 받고 칭찬 받으면, 하나님의 영광을 어떻게
드러낼 수 있으리이까.

손해 보지 않고 내 것을 내어 드리지 않는다면, 어떻게 복음이
전해질 수 있겠나이까.

없습니다. 없습니다. 결코 그럴 수는 없습니다.

나를 내어줄 때 하나님의 사랑이 임하게 되고 나를 낮추고 내려갈
때에 예수님의 온유와 겸손이 임하게 됩니다.
못 내어주게 만들고 못 내려가게 만드는 가장 큰 걸림돌이 바로
죄성 깊은 내 자아임을 알게 되었사오니 내 것을 주님께서 가져가
주시옵소서.
하나님이 내 자아 좀 만져주셔서 거듭난 영체로 살아갈 수 있도록
도와주시옵소서.
나의 옛 자아를 가져 가시고 새로운 속사람으로 만들어
주시옵소서.

나의 간절한 목마름은 우리 주님과 온전히 동행하기를 원하고
있습니다.
나의 간절한 애절함은 말씀 안에서 말씀대로 완전하게 순종하며
살아가는 것을 사모하고 있습니다.
주 앞에서 기도로 분향하여 온전한 번제를 주의 제단 위에
드리기를 원하고 간청합니다.
세상 반 믿음 반으로 살아가는 미지근한 신앙을 버리고 온전하고
완전한 마음을 하나님께 드리며 살기를 원합니다.

주께서 나의 간절한 기도를 들어주시고 이 모든 것을 하나님의 뜻대로 이루어 주실 것을 믿고 예수님의 이름으로 기도합니다. 아멘

그러므로 이제는 여호와를 경외하며 온전함과 진실함으로 그를 섬기라

수 24:14

기도의 생수

초판 1쇄 인쇄 2025년 3월 04일
초판 1쇄 발행 2025년 3월 12일

지은이 무명의 기도자
펴낸이 황성연
펴낸곳 도서출판 더하트
출판등록 제 2024-000016호
주문처 하늘유통
주소 경기도 파주시 광탄면 혜음로883번길 39-32
전화 031-947-7777
팩스 0505-365-0691
홈페이지 www.jesus-jesus.com
ISBN 979-11-941772-10 03230
Copyright ⓒ 2025. 더하트 출판사